LES FEMMES ONT-ELLES
UNE POMME D'ADAM?

DU MÊME AUTEUR

Apocalype à Saint-Pierre, la tragédie de la montagne Pelée, Larousse, 2007.

Les Gueules noires, De Borée, 2007.

La nature, combien ça coûte ?, Delachaux & Niestlé, 2007.

Les Voyages du sel, Kubik éd., 2006.

Les Pollutions invisibles. Quelles sont les vraies catastrophes écologiques ?, Delachaux & Niestlé, 2005 et 2007.

Atlas du réchauffement climatique, Autrement, 2005 et 2007.

La France marine, National Geographic, 2003.

FRÉDÉRIC DENHEZ

LES FEMMES ONT-ELLES UNE POMME D'ADAM ?

... et 100 autres questions bizarres
et essentielles sur le corps humain

l'Archipel

www.editionsarchipel.com

Si vous souhaitez recevoir notre catalogue et
être tenu au courant de nos publications,
envoyez vos nom et adresse, en citant ce
livre, aux Éditions de l'Archipel,
34, rue des Bourdonnais 75001 Paris.
Et, pour le Canada, à
Édipresse Inc., 945, avenue Beaumont,
Montréal, Québec, H3N 1W3.

ISBN 978-2-8098-0015-9

Sommaire

Avant-propos (13)

1. Nos organes

Pourquoi la température de notre corps est-elle de 37 °C ? (19) Pourquoi a-t-on des coliques en voyage ? (20) Combien de jours peut-on vivre sans boire ni manger ? (23) Pourquoi le ventre fait-il du bruit ? (25) Se réchauffe-t-on en buvant de l'alcool ? (26) Pourquoi a-t-on le ventre noué quand on a peur ? (27) Faut-il boire chaud ou froid pour se désaltérer ? (28) Peut-on vivre avec un seul rein ? (30) Et la rate, elle se dilate ? (32) Se faire de la bile, est-ce bien scientifique ? (33) Pourquoi le foie est-il si gros ? (34) Pourquoi les ganglions grossissent-ils parfois ? (36) Les villes polluées favorisent-elles l'asthme et les allergies ? (37)

2. Le squelette et les membres

Peut-on encore sentir un membre que l'on a perdu ? (43) Un bébé a-t-il plus ou moins d'os qu'un adulte ? (45) Les douleurs articulaires augurent-elles d'un changement de temps ? (46) Pourquoi le majeur est-il le doigt le plus long ? (48) À quel âge commence-t-on à rapetisser ? (49) Est-il dangereux de faire craquer ses articulations ? (51) Pourquoi ampute-t-on encore de nos jours ? (52) Peut-on encore grandir lorsqu'on est adulte ? (53)

3. Le sexe

Éjaculer souvent préserve-t-il du cancer de la prostate ? (57) Pourquoi a-t-on des poils sur le pubis ? (58) Le Viagra a-t-il un effet sur les femmes ? (60) Les hommes porteront-ils un jour des enfants ? (61) Peut-on avoir été conçu homme et naître femme ? (63) Les eunuques peuvent-ils faire l'amour ? (65) Peut-on capter les hormones du sexe opposé ? (66) Les femmes ont-elles leurs règles toutes en même temps ? (68) Que sont les pertes vaginales ? (70) À quoi servent les règles ? (71) Un homme peut-il avoir un orgasme sans éjaculer ? (73) Comment un chirurgien transforme-t-il un homme en femme, ou une femme en homme ? (74) Une femme devenue homme a-t-elle des érections ? (76) Un grand pénis fait-il un grand amant ? (77) La taille du pénis est-elle liée à celle du nez ou du majeur ? (78) Les Africains ont-ils véritablement un pénis plus grand que les Européens ? (79) La forme du vagin est-elle identique d'une femme à l'autre ? (80)

4. Le cerveau

Pourquoi voit-on des étoiles lorsqu'on se lève brusquement ? (85) La mémoire est-elle uniquement portée par des molécules ? (86) Quand on rêve, que se passe-t-il dans le cerveau ? (88) Les téléphones portables sont-ils dangereux pour le cerveau ? (90) Peut-on survivre à un coup de hache sur la tête ? (93) Commence-t-on vraiment à perdre des neurones à partir de 20 ans ? (94) La bosse des maths existe-t-elle ? (95) Qu'est-ce qui distingue le cerveau d'un homme de celui d'une femme ? (97) Peut-on rêver en couleurs ? (99) Pourquoi s'évanouit-on ? (100) Les maladies neurodégénératives sont-elles transmises par les gènes ? (102) Est-il vrai que l'on combat l'insomnie en se levant ? (104) Pourquoi le sommeil est-il cyclique ? (105) Un somnambule n'a-t-il vraiment aucun souvenir de sa période d'éveil ? (106) Un groupe de personnes peut-il avoir des hallucinations collectives ? (108)

5. Et la tête ?

La tête peut-elle encore s'animer après avoir été séparée du corps ? (113) Une greffe de la tête sera-t-elle un jour possible ? (115) Pourquoi notre visage n'est-il pas symétrique ? (116) Pourquoi la tête n'a-t-elle jamais la chair de poule ? (118)

6. Plein les yeux

Les animaux peuvent-ils pleurer ? (123) Pourquoi pleure-t-on lorsqu'on est fou de joie ? (125) Que sont ces images fantômes qui défilent devant nos yeux ? (126) Pourquoi les yeux ne peuvent-ils geler ? (127) Peut-on avoir les yeux de couleurs différentes ? (129) Est-il vrai que l'absorption d'alcool rend aveugle ? (131) Peut-on rendre la vue aux aveugles ? (133) Les yeux peuvent-ils sortir de leurs orbites ? (136)

7. La bouche et les dents

Certains adultes ont-ils plus de 32 dents ? (141) Les dents de sagesse sont-elles utiles ? (143) Pourquoi une peur soudaine supprime-t-elle le hoquet ? (144) Pourquoi n'entend-on plus quand on bâille ? (146) Les femmes ont-elles une pomme d'Adam ? (149) Que ressent-on lorsqu'on mord dans une feuille d'aluminium ? (150)

8. Les oreilles

À quoi sert le cérumen? (155) Pourquoi ne reconnaît-on pas sa voix sur un enregistrement? (157) Pourquoi les oreilles sifflent-elles après avoir été soumises à un son puissant? (159) Pourquoi les personnes âgées ont-elles des poils dans les oreilles? (161) L'oreille absolue est-elle innée? (163) Doit-on se tourner vers une source sonore pour la capter? (164) Van Gogh est-il devenu sourd après s'être coupé l'oreille? (166) Certaines langues prédisposent-elles à en parler d'autres? (167)

9. La peau

Peut-on changer de couleur de peau? (173) Peut-on naître noir de parents blancs? (175) D'où viennent les verrues? (176) Les Peaux-Rouges avaient-ils vraiment la peau rouge, et les Pictes la peau bleue? (178) Pourquoi dit-on « avoir une peur bleue »? (180) Pourquoi a-t-on la peau plissée après un bain prolongé? (182) Pourquoi rougit-on quand on est gêné? (183) Pourquoi certaines personnes âgées ont-elles si peu de rides? (184)

10. Poils et ongles

Les chats et les lapins sont-ils les seuls à avaler leurs poils? (189) Les cheveux de Marie-Antoinette ont-ils vraiment blanchi en une nuit? (190) Ongles et cheveux continuent-ils de pousser après la mort? (192) Les ongles des mains poussent-ils plus vite que ceux des pieds? (193) Pourquoi les femmes âgées ont-elles de la barbe? (194) Pourquoi certains hommes sont-ils chauves? (195) Est-il vrai que les chauves sont de meilleurs amants? (197) Les cheveux peuvent-ils se dresser sur la tête? (198)

11. Mourir

Peut-on réellement mourir de rire ? (203) Revoit-on sa vie
défiler juste avant de mourir ? (204) Est-il vrai que l'on peut
entrer en « combustion spontanée » ? (206) Les frères siamois meurent-ils au même instant ? (207) Qu'appelle-t-on
« coma artificiel » ? (208) Est-il vrai que l'on perd 21 grammes
à l'instant même de sa mort ? (210) Comment des personnes déclarées mortes ont-elles pu revenir à la vie ? (211)

Avant-propos

Les femmes ont-elles une pomme d'Adam ? En médecine et en science, comme en toute chose d'ailleurs, ce qui n'apparaît pas clairement n'est pas inexistant pour autant. L'absence d'évidence n'est pas l'évidence de l'absence. Ainsi, ce n'est pas parce qu'on ne la voit pas que la pomme d'Adam des femmes n'existe pas ! Simplement, elle est moins visible : une affaire d'hormones (voir p. 149)...

À l'inverse, ce qui se voit – ou ce que l'on croit voir – n'existe pas forcément. Il faut toujours se méfier des évidences. Telle personne revenue à la vie après avoir décédé n'était peut-être pas morte. Un grand front bien dégagé n'est pas nécessairement le signe d'une intelligence hors catégorie.

De même importe-t-il de se méfier des parallèles. Après tout, puisqu'il est possible de recoudre le bras d'un ouvrier happé dans une machine, pourquoi ne pourrait-on pas recoller la tête d'un décapité ? *A priori*, rien ne s'y oppose... si ce n'est la complexité effrayante du projet, sans parler des questions de morale et d'éthique.

Le corps humain, objet de fascination parce qu'il est nôtre, n'est jamais qu'un organisme animal doué d'intelligence, au même titre que celui des grands singes. Cette complexité s'est établie très progressivement, depuis l'apparition des premiers organismes animaux multicellulaires, voici environ 450 millions d'années. Notre foie, nos nerfs, notre squelette, nos hormones ont été inventés par d'autres animaux, il y a bien plus longtemps que notre plus lointain ancêtre. C'est l'assemblage de toutes ces parties qui nous confère notre spécificité.

La vie fonctionne à l'économie. Les molécules, les gènes, les tissus, les organes sont souvent les mêmes. L'évolution n'est qu'une lente spécialisation à partir de matériaux communs. La croissance et la métamorphose de l'œuf, fécondé en embryon puis en fœtus, en est une illustration troublante. De même, la pomme d'Adam, comme on peut le voir dans les premiers stades de la vie embryonnaire, fut il y a longtemps un arc branchial de poisson. Et nos mimiques, notre sociabilité ne sont que l'accentuation d'une capacité des grands singes depuis des millions d'années.

Il n'en reste pas moins que le fonctionnement de notre corps est prodigieusement intéressant. Son étude dure depuis des siècles, constamment freinée par les idées reçues et les préjugés – pas forcément religieux, d'ailleurs. Les scientifiques eux-mêmes s'accordent tacitement pour que leurs théories ne soient pas trop tôt remises en cause par de nouvelles. Surtout si cela doit aussi remettre en cause un fondement social ou politique.

Ainsi s'est-on longtemps efforcé de croire que les « intelligences », les comportements étaient chacun fixé par une zone du cerveau qui se déformait si elle était trop sollicitée. Les matheux, mais aussi les violeurs ou les peintres se trahissaient donc par une forme particulière de leur crâne. Partant, les individus pouvaient être classés par types, de sorte que l'État était capable d'identifier dès l'école les individus prometteurs et tous les déviants.

Cette théorie, issue du colonialisme et du scientisme de la fin du XIXᵉ siècle (il fallait bien justifier le premier et se servir du second pour combattre l'influence de l'Église), fut très vite battue en brèche. Elle n'en permit pas moins de théoriser l'eugénisme et le nazisme. Aujourd'hui encore, on lui trouve de la véracité en la modernisant quelque peu : ce n'est plus le crâne qui divise les hommes, mais l'ADN. À chaque comportement, son gène. Inquiétant retour de l'Histoire, qui prouve que les idées reçues sont difficiles à éradiquer, en particulier si la science est orientée dans un but, quel qu'il soit. Quand on veut prouver la réalité d'une idée préconçue, on y parvient toujours. On ne trouve vite et bien que ce que l'on cherche avec assiduité. Mais la science est tout autre chose...

Les réponses aux 101 questions posées dans ce livre sont le fruit d'années de recherches, de tâtonnements, d'expérimentations et de chance... même si les études épidémiologiques sont difficiles et contradictoires. Éjaculer souvent garantit-il contre le cancer de la prostate? Le Viagra est-il efficace? Les réponses données par les hommes aux questionnaires médicaux sont entachées d'irrégularité. Qui, en effet, avoue vraiment sa sexualité?

Aussi, rien n'est jamais certain. Par exemple, on ne sait toujours pas pourquoi le ventre est noué par une émotion. Et si l'on sait pourquoi notre température corporelle est fixée à 37 °C, on ne cesse de découvrir les tenants et aboutissants de notre « homéothermie ». C'est pourquoi un livre tel que celui-ci ne peut décemment s'achever que sur la formule consacrée: « À suivre... »

1 nos organes

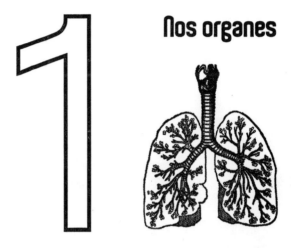

Pourquoi la température de notre corps est-elle de 37 °C ? *Pourquoi a-t-on des coliques en voyage ?* Combien de jours peut-on vivre sans boire ni manger ? *Pourquoi le ventre fait-il du bruit ?* Se réchauffe-t-on en buvant de l'alcool ? *Pourquoi a-t-on le ventre noué quand on a peur ?* Faut-il boire chaud ou froid pour se désaltérer ? *Peut-on vivre avec un seul rein ? Et la rate, elle se dilate ? Se faire de la bile, est-ce bien scientifique ?* Pourquoi le foie est-il si gros ? *Pourquoi les ganglions grossissent-ils parfois ?* Les villes polluées favorisent-elles l'asthme et les allergies ?

Pourquoi la température de notre corps est-elle de 37 °C ?

Notre corps est composé de 100 000 milliards de cellules au sein desquelles se déroulent à chaque seconde des milliards et des milliards de réactions chimiques. Toute réaction chimique étant exothermique (libératrice de chaleur), une chaleur est générée dans l'ensemble de notre corps, par lui-même. Selon les individus, elle s'établit de 36,8 °C à 37,5 °C, température à laquelle les enzymes coresponsables de ces mêmes réactions fonctionnent de façon optimale.

Comme les oiseaux et les autres mammifères, nous avons la capacité de conserver cette température à peu près constante : c'est ce que l'on appelle l'homéothermie. En revanche, les animaux dits hétérothermes sont obligés de s'adapter aux fluctuations de la température extérieure. Ils doivent faire en sorte que les variations constantes de leur température interne demeurent dans un intervalle physiologiquement tolérable. Voilà, par exemple, pourquoi le lézard se dore au soleil l'été et se cache quand le froid survient.

C'est l'hypothalamus qui contrôle notre température. Pour preuve, cette région du cerveau est sollicitée lorsqu'un virus, une bactérie ou un parasite attaque l'organisme qui, pour mieux les combattre, doit augmenter sa température. Tant qu'elle n'élève pas trop la température du corps, la fièvre est une réaction de défense normale. Au-delà de 40 °C ou en dessous de 35 °C, les enzymes commencent à se dégrader, et les réactions biochimiques ne sont plus assurées. Le métabolisme basal du corps s'effondre et la mort peut s'ensuivre.

L'hypothalamus est informé de l'évolution de la température corporelle par l'ensemble des capteurs de température disséminés dans tout le corps, en particulier sur la peau. Il compare en permanence ses mesures avec la température dite « de consigne », établie autour de 37 °C. Si la température est supérieure, l'hypothalamus ordonne aux glandes sudoripares de sécréter de la sueur : sa fabrication consomme en effet de l'énergie, et produit donc de la chaleur. Il commande aussi aux petites artères (les artérioles) irriguant la peau de se dilater, afin que la chaleur du sang s'évacue par simple diffusion au contact de la peau, qui joue alors le rôle d'échangeur thermique. A contrario, si l'hypothalamus enregistre un refroidissement du corps, il ordonne le réflexe de l'horripilation et, surtout, du frissonnement afin que des calories nouvelles réchauffent l'organisme. Dans le même temps, il commande aux artérioles cutanées de réduire leur diamètre, pour diminuer les pertes de chaleur par diffusion.

La fièvre est doublement utile. Lorsque la température du corps est légèrement plus élevée, les réactions enzymatiques sont favorisées durant un laps de temps. La réponse du système immunitaire devient meilleure. Le foie et la rate stockent plus de fer et de zinc, deux éléments indispensables au métabolisme des bactéries, lesquelles n'aiment tout simplement pas les températures trop importantes.

Pourquoi a-t-on des coliques en voyage ?

Lorsqu'on voyage dans des contrées lointaines en s'accommodant des mets locaux, les conséquences sont immédiates : confronté à des types de nourriture qu'il n'a pas l'habitude de « traiter », le système digestif déclare forfait. Survient la triste litanie de 3 à 10 selles quotidiennes, non moulées, et ce durant 5 à 10 jours ponctués de douleurs abdominales, de nausées, voire de malaises. Autrement dit, on éprouve la bonne vieille *turista*, celle qui laisse des souvenirs impérissables !

Si le déclenchement et la gravité de l'affection impliquent divers facteurs, comme les habitudes alimentaires de chacun, la fréquence des voyages, l'état de santé général (notamment celui du système digestif), mais aussi le niveau social, le déterminant en la matière est surtout le pays visité. Plus l'hygiène alimentaire y est faible, plus fort est le risque de passer ses vacances aux toilettes (quand il y en a). Le risque est maximal pour toute l'Afrique, l'Amérique centrale, l'Amérique du Sud (sauf la Patagonie, où il fait trop froid pour les germes !), l'Eurasie et la péninsule Arabique.

Dans 40 à 60 % des cas, c'est une bactérie très banale, baptisée *Escherichia coli*, qui est responsable de la « diarrhée du voyageur ». Fort bien connu des spécialistes, ce microbe au génome parfaitement séquencé vit pourtant naturellement dans notre système digestif, dont il facilite le fonctionnement. Il représente en fait près de 80 % de la flore microbienne de l'intestin. Mais il en existe des variétés pathogènes. Ces « pathovars » sont de la même espèce ; soit ils disposent de quelques gènes en plus, soit certains de leurs gènes ne fonctionnent pas tout à fait normalement.

Les pathovars des *Escheridia coli* représentent de sérieux concurrents pour leurs homologues « normaux » si, une fois ingérés, ils parviennent intacts jusqu'à l'intestin après avoir passé avec succès la barrière des enzymes de la salive (lysozymes [voir p. 123, 155], notamment), puis celle des macrophages (gros globules blancs) de l'œsophage et du bain acide de l'estomac. En plus d'une reproduction plus rapide, ils spossèdent des facilités morphologiques qui leur permettent de se fixer sur les microvillosités (reliefs) de l'intestin.

Certains en profitent pour émettre des toxines (c'est le cas des *Escherichia coli* entérotoxigéniques, ou ETEC), de telle façon que les cellules de la muqueuse sont gênées dans leurs échanges d'ions avec le liquide dans lequel elles baignent : elles se mettent alors à évacuer à la fois beaucoup trop d'eau et de sels. Les selles deviennent liquides, l'organisme perd de l'eau et son taux de sels, en particulier le sodium et le chlore, chute. Il y a dès lors péril : les cellules ne peuvent plus fonctionner correctement, car leur métabolisme dépend de ces échanges ioniques. Rien de grave, toutefois : une *turista* ne dure jamais longtemps, et il suffit pour se soigner de se remplir l'estomac, de riz par exemple, et de boire beaucoup.

Certaines infections à *E. coli* inspirent toutefois bien des craintes dans le monde médical. Celles dites « invasives » sont responsables de diarrhées sanglantes ; elles surviennent lorsque des pathovars envahissent les cellules du côlon. La plupart de ces infections auraient des conséquences à long terme, et non des moindres ! En effet, les *E. coli* pathogènes auraient la particularité de se repaître... d'ADN. Pas l'ADN des cellules, mais celui du milieu interstitiel.

Ces infections peuvent également produire une toxine particulière, la colibactine, spécifiquement dirigée contre l'ADN cellulaire. La colibactine modifierait en réalité le cycle cellulaire. La synthèse de cette toxine, également par les *Escoli* « normales », tendrait à induire son rôle probable dans la différenciation cellulaire au sein de la muqueuse intestinale. Un dérèglement de cette production, généré par exemple par l'arrivée dans le tube digestif de bactéries pathogènes également productrices, pourrait bouleverser la différenciation cellulaire au point de l'engager dans la voie de la cancérisation, qui n'est autre qu'une division cellulaire sans contrôle...

Combien de jours peut-on vivre sans boire ni manger ?

La privation totale de nourriture et d'eau conduit à l'une des morts les plus douloureuses qui soient. À tout prendre, mieux vaut choisir la mort par la soif, qui est plus rapide : en 2 à 4 jours, l'affaire est réglée. De son côté, la faim mène au terme fatal en une trentaine de jours, quarante tout au plus. Dans les deux cas, les souffrances tant physiologiques que psychologiques sont épouvantables car elles vont croissant, se multipliant selon un cercle vicieux qu'il est difficile d'enrayer.

La faim engage un processus physiologique long et souvent irréversible. Les aliments sont le combustible de notre « chaudière ». Les produits de leur dégradation s'appellent glucides, lipides et protides, avec lesquels nous stockons de l'énergie et fabriquons molécules, cellules et tissus. Sans aliments, nous ne pouvons donc plus fabriquer d'énergie ni de briques élémentaires pour notre organisme. Rapidement, nous devenons faibles, voire apathiques. Nous n'avons plus de force pour bouger, communiquer, ni même, si l'occasion se présente, pour manger. Des gens sont morts de faim devant une miche de pain qu'ils furent incapables d'attraper et encore moins de mâcher ! Auraient-ils été en état de le faire qu'ils auraient sans doute vomi, tant l'estomac s'atrophie lorsque nous sommes privés de nourriture.

Tout organe a une fonction. Si cette fonction ne peut plus être assurée, l'organe est mis en sommeil. Et même, passé un certain seuil, il régresse. Inapte à accueillir un aliment, l'estomac devient incapable d'informer le cerveau sur son état plein ou vide, via les capteurs de tension présents à sa jonction avec l'intestin. La sensation de faim disparaît. Le point de non-retour est atteint.

Entre-temps, le corps se sera proprement autodigéré. Privé de toute alimentation extérieure, il s'alimente de lui-même. Après avoir utilisé les sucres stockés, il consomme les réserves de graisse, puis de protéines. Les muscles fondent. Le métabolisme est ralenti. Les cellules ne sont plus renouvelées, les molécules non vitales ne sont plus synthétisées : la peau se flétrit. En revanche, la douleur augmente. Atrophiés, les muscles font mal. Flasque, ridée et amincie, la peau fait souffrir. L'estomac est douloureux. Devenu inutile, l'intestin est gagné par des infections, en particulier fongiques. Enfin, le moment vient où le cerveau coupe le circuit. Le coma précède alors la mort.

La soif, elle, enclenche un processus plus rapide. En cessant de boire, on bouleverse totalement l'homéostasie, à savoir l'ensemble des processus veillant à l'équilibre interne de l'organisme. Parmi ceux-ci, le maintien de concentrations différentes en sels minéraux entre l'intérieur des cellules et le liquide dans lequel elles baignent. Ce liquide doit être quatorze fois plus concentré en sels que le milieu intercellulaire. La raison en est que le métabolisme des cellules est tributaire des échanges d'ions (sels minéraux) entre elles et leur milieu, au travers de leur membrane. Autrement dit, du potassium vient de l'extérieur, et du sodium s'extrait de l'intérieur.

Lorsque l'eau manque, les cellules se ratatinent. Et cela intervient très vite : à partir de 1 à 2 % de pertes. Mais l'eau manque également dans le milieu intercellulaire. La concentration en sels minéraux s'élève en proportion. Les reins augmentent leur régime afin de filtrer ce surplus de sel dans le sang. Ils envoient au cerveau un message de soif, via une hormone, l'angiotensine. Mais, l'eau ne venant pas, le système s'emballe : les cellules continuent à s'assécher, le milieu interstitiel et le sang perdent du volume à cause de leur concentration en sels, les reins produisent une urine de plus en plus jaune, de moins en moins abondante. Le corps trouve de l'eau là où il peut. Il se dessèche et se ratatine. On ne pleure plus. La langue est gonflée, le palais collant. Les yeux s'enfoncent. La peau est grisâtre. Le cœur bat vite. Les reins finissent par se bloquer. Les toxines qu'ils n'évacuent plus s'accumulent et enrayent les processus métaboliques. Enfin, le corps est si faible qu'il s'endort, et le cerveau suggère des hallucinations. Quand la perte du volume d'eau de l'organisme dépasse 10 %, c'est le coma, puis la mort.

La médecine peut, dans une certaine mesure, « rattraper » un sujet avant ce stade. Il s'agit de réhabituer très progressivement l'organisme trop longtemps sevré, mais sans lui donner ni à manger ni à boire, au risque sinon de faire éclater les cellules asséchées et d'ulcérer ou de crever les organes longtemps privés de nourriture.

Pourquoi le ventre fait-il du bruit ?

Un ventre plein est un ventre heureux. Vide, ses organes emmagasinent un peu d'air et se relâchent. Ils se contractent par réflexe, bien que n'ayant rien à faire transiter. Oscillant entre l'état de compression et de détente, l'air et le bol alimentaire produisent un bruit, en particulier au niveau du pylore, à la jonction entre l'estomac et l'intestin. Le chant du ventre est donc parfaitement naturel.

Ce bruit « hydroaérique », en langage médical, est véritablement un critère de bonne santé. En théorie, un médecin devrait toujours l'écouter, au même titre que ceux du cœur et des poumons. Si le patient n'est pas à jeun, le praticien ne peut entendre grand-chose. S'il l'est, en revanche, des bruits normaux et réguliers doivent lui parvenir à l'oreille. Si, dans le premier cas, des bruits se font entendre et que, dans le second, rien n'est audible, c'est que le système digestif ne fonctionne pas correctement.

Par exemple, des bruits permanents dans un corps efflanqué signalent un défaut d'alimentation qui laisse supposer une anorexie. Des bruits absents dans un corps normalement alimenté suggèrent en revanche un blocage au niveau de l'estomac : une occlusion, une tumeur ou un ulcère sont à envisager. Un silence subit, précédé d'une exacerbation des bruits, est encore plus inquiétant, car cela renseigne sur un dysfonctionnement sans doute grave du système digestif, lié par exemple à une thrombose (fermeture) d'une artère alimentant le mésentère (tissu nourricier de soutien qui emballe l'intestin).

Se réchauffe-t-on en buvant de l'alcool ?

Voilà une idée reçue solidement ancrée, cause de bien des soucis de santé publique : non, on ne se réchauffe pas en buvant de l'alcool ! Bien au contraire, on se refroidit, et vite.

Quand il fait froid, l'hypothalamus ordonne aux artérioles qui alimentent la peau de se contracter (voir p. 19, 28, 119, 128). Si cet organe de l'encéphale n'agissait pas, le sang perdrait sa chaleur en raison de sa proximité avec l'air extérieur.

La peau humaine est une bonne protection, mais elle n'est pas bien épaisse. Contrairement à celle des autres mammifères, elle n'est pas composée d'une épaisse couche de graisse, pas plus qu'elle n'est recouverte d'une colonie de poils en densité suffisante pour servir d'isolant thermique. Quand il fait froid, le sang reflue de la peau, qui perd sa couleur ; il se concentre autour des organes vitaux tels que le cerveau, le foie et... le cœur.

Quand on avale un verre d'alcool, on se réchauffe, certes, mais pour un temps très court. L'ingestion d'alcool provoque immédiatement une dilatation des vaisseaux sanguins, y compris ceux de la peau. Celle-ci reprend ses couleurs et devient rouge, car le sang, en revenant, apporte sa chaleur, laquelle afflue de là où elle était : des organes vitaux.

On se sent bien, on reprend un verre. Hélas ! très vite, l'hypothalamus ne se laisse plus leurrer par les mauvaises informations provenant de ses capteurs de température cutanés. Il reprend le contrôle. Les artérioles sont de nouveau réduites en diamètre, provoquant une sensation de froid brutale qui perdurera car les calories de l'organisme ont été perdues au niveau de la peau, à cause de l'alcool. Le corps s'est refroidi sans qu'on s'en soit rendu compte. Le retour à la réalité, commandé par l'hypothalamus, est sévère. À moins de manger tout en buvant, il faudra longtemps frissonner avant de retrouver une température corporelle normale.

Ainsi, loin de réchauffer, l'alcool refroidit. Par temps froid, il est indirectement responsable de la mort de dizaines de clochards chaque année en France. L'idée selon laquelle il donne des forces est tout aussi fausse, car l'alcool n'est pas métabolisé. Certes, son contenu énergétique est important (7 kcal/g d'alcool), mais il n'apporte rien à l'organisme, qui le considère comme un toxique, ainsi est-il rapidement évacué par la sueur, l'haleine et l'urine, et surtout dégradé par le foie (voir p. 33, 34, 131, 204). En outre, passé une certaine dose, l'alcool endort.

Pourquoi a-t-on le ventre noué quand on a peur ?

La peur est une réaction normale de l'organisme qui, confronté à un stress, se met en condition de réagir (voir p. 19). Tout d'abord, l'état de choc est considérable. On a l'impression que le sol se dérobe sous nos pieds. C'est au cours de cette phase initiale que l'estomac se noue.

Les raisons n'en sont pas totalement connues, mais on sait que la sécrétion d'acide gastrique augmente durant la première phase du stress, ce qui a pour effet d'abîmer la muqueuse, qui communique alors au cerveau une sensation de brûlure, très invalidante.

En état de stress répété, la muqueuse peut se léser et laisser passer l'ensemble des sucs digestifs produits par l'estomac et qui atteignent alors sa paroi. Celle-ci, blessée, devient un terrain favorable aux attaques d'*Helicobacter pylori*, la bactérie responsable de l'ulcère.

Cette nouure du ventre pourrait bien être aussi une réaction purement nerveuse. L'estomac se contracterait parce qu'il est relié, via le nerf vague, au système nerveux central sympathique. Sa paroi est en effet innervée par un « plexus ». Cet enchevêtrement de neurones sert de relais entre le nerf vague et les muscles de l'estomac, et il a pour fonction de relâcher ce dernier. Le plexus, que d'aucuns qualifient de « cerveau de l'estomac », offre à l'organe une autonomie fonctionnelle car, même coupé de son nerf vague, il continue d'officier.

Le ventre noué trouverait donc son explication dans une mauvaise coordination entre le plexus et le nerf vague. Le reflux du sang induit par le stress jouerait également un rôle en provoquant un léger relâchement de l'estomac.

À vrai dire, on ne sait pas vraiment pourquoi le ventre se tord quand on est pris par l'angoisse. Mais que cela ne vous noue pas l'estomac.

Faut-il boire chaud ou froid pour se désaltérer ?

Nomades du désert, les Touaregs boivent brûlant. Ils ont raison : lorsque la température de l'air est bien supérieure à celle du corps, boire très chaud est le moyen le plus efficace d'évacuer rapidement les calories en trop. En effet, lorsqu'il fait plus de 37 °C de température extérieure, le corps est confronté à un surplus de calories qu'il doit éliminer au plus vite, sous peine de s'échauffer lui-même. Or, au-delà de 40 °C, le coma menace (voir p. 19).

Mais comment évacuer ce trop-plein de chaleur interne ? Avec une température extérieure élevée, cela ne peut se faire par le simple échange thermique assuré par le contact de la peau et de l'air. C'est le contraire qui se produit : la peau se réchauffe, le sang se réchauffe, le corps se réchauffe. Le seul moyen efficace est encore de transpirer.

En excitant les glandes sudoripares, le cerveau permet à l'organisme d'utiliser la chaleur en surplus pour fabriquer de la sueur, tout en la vaporisant avant qu'elle ne sorte de la peau. Si la sueur s'exprime sur la peau sous forme de gouttelettes, l'échange thermique est cent fois moins efficace. C'est le cas quand l'air stagne autour du corps (pas de vent, posture immobile) ou que l'on fait un effort démesuré par rapport à la température de l'air.

En buvant très chaud, on accélère la sudation : le surplus de calories que l'on ajoute encore à l'organisme excite immédiatement le centre de commande (situé dans l'hypothalamus) de la sudation, laquelle fonctionne alors à pleine vapeur. Réchauffé, le corps se rafraîchit mieux, mais perd beaucoup d'eau. Alors que dans un climat tempéré on perd environ 0,7 litre de sueur par jour, soit pratiquement autant d'eau, dans le désert ce volume peut atteindre... 12 litres !

Si les Touaregs buvaient froid, ils ne tiendraient pas longtemps. En ingérant un liquide bien plus froid que le corps en surchauffe, leur organisme serait contraint de consommer des calories pour mettre ce liquide à température – mais seule une partie de la chaleur du corps serait ainsi brûlée. Sans compter que le choc thermique provoque un blocage de l'estomac, qui alors ne se vidange plus dans l'intestin. C'est la raison pour laquelle maux de ventre et diarrhées accompagnent souvent l'absortion de thé glacé.

Si vous ne pouvez toutefois vous résoudre à boire chaud quand il fait chaud, buvez à température ambiante, à tout le moins entre 10 et 15 °C. Vous ne vous rafraîchirez pas longtemps, mais du moins ne perdrez-vous pas d'eau.

Qu'en est-il lorsqu'il fait froid? Faut-il boire chaud ou froid? Le problème est diamétralement opposé puisque, exposé au froid, le corps lutte pour ne pas perdre de calories (voir p. 19, 26, 119, 128). Il faut donc lui en apporter en buvant chaud, en prenant soin d'être bien couvert ou à l'abri du vent, qui augmente encore le froid à la surface de la peau. À défaut, les calories ingurgitées seront happées par la peau, à cause des échanges thermiques.

Quand il fait froid, en effet, le corps réagit en réduisant fortement la circulation sanguine au niveau de la peau, afin de limiter les pertes de chaleur par échange thermique. Lorsqu'un liquide chaud arrive dans le gosier, le surcroît de calories oblige le cerveau à ordonner une réouverture de la circulation sanguine. Si les calories, qui s'échapperont de toute façon, ne sont pas « reprises » par un vêtement suffisamment isolant, le corps se refroidira, alors qu'il avait pu se réchauffer avant l'ingestion de la boisson chaude.

Peut-on vivre avec un seul rein ?

Si ce n'était pas le cas, le don de rein par une personne vivante ne serait pas autorisé par la loi! La symétrie de la structure de l'organisme (voir p. 116) s'applique à certains organes tels que les reins, les poumons ou les testicules. Pourquoi ceux-là et pas le foie, le cœur ou le cerveau, tout aussi vitaux? Mystère...

En tout cas, le fait que les reins soient doubles ne va pas sans redondance. Si l'un ne fonctionne plus, l'autre prend le relais, multipliant son activité pour que les fonctions soient assurées au même niveau. Souvent, même, le rein devenu unique augmente son volume. C'est ce que l'on observe chez les personnes nées avec un seul rein, nettement plus important en volume que la normale, laquelle n'excède pas en principe la taille d'un petit poing fermé.

À quoi sert un rein ? À détoxifier le sang et à maintenir constante sa composition en eau et en sels minéraux. L'équilibre interne de l'organisme, l'homéostasie, repose en effet sur une différence de concentration en sels minéraux (les ions) entre l'intérieur et l'extérieur des cellules (voir p. 23, 123, 182). Le rein assure ces deux fonctions en filtrant le sang. C'est une sorte de centrale d'épuration idéale, capable de retenir ce qui est mauvais (en particulier la créatine et l'urée, produits de dégradation des protéines) pour l'évacuer par l'urine, et de reprendre ce qui est bon pour le réinjecter dans le sang (l'eau, les sels minéraux, le sodium et le potassium, dont les taux dans les cellules doivent absolument demeurer constants).

Ce filtre à double sens est d'une complexité incroyable, et son travail est effectué à une vitesse stupéfiante : chaque minute, un litre de sang à traiter arrive dans les reins via les artères rénales et en ressort par les veines rénales. Entre-temps, le sang est passé par un million de filtres (pour chaque rein) appelés glomérules, puis par les tubules attenants qui en ont retiré un maximum d'eau. Glomérule et tubule forment ensemble une unité, le néphron. Le million de tubules déverse le sang doublement filtré dans une sorte de vasque, le bassinet, qui le fait s'écouler ensuite, sous le nom d'urine, dans l'uretère. Les deux uretères aboutissent dans la vessie, qui élimine l'urine au rythme de 1 à 2 litres par jour.

Les reins ont aussi une fonction hormonale. Ils fabriquent par exemple l'érythropoïétine (EPO), une hormone fort courue dans certains milieux sportifs puisque favorisant la synthèse des globules rouges par la moelle osseuse.

Vitaux, les reins ne sont pas indispensables par paire. Un seul suffit. Mais, en cas d'insuffisance du rein restant, il n'y a plus de relais possible. Seule la greffe peut alors éviter de terminer sa vie sous dialyse, sorte de rein artificiel.

Et la rate, elle se dilate ?

Nulle part ailleurs que dans la chanson de Gaston Ouvrard (« Je n'suis pas bien portant »), succès de l'année 1932, la rate ne « s'dilate », même quand on rit. Et en être dépourvu n'aide pas davantage à courir comme un « dératé ».

La rate n'en est pas moins importante. Chez le fœtus, elle produit une partie des globules rouges. Chez l'adulte, elle assure au contraire la destruction de ces mêmes globules rouges fabriqués par la moelle osseuse. De plus, elle débarrasse rapidement le sang des globules et plaquettes défectueux. Le fer qu'elle récupère dans les hématies est envoyé au foie, qui le transfère ensuite à la moelle osseuse.

La rate pratique le tri sélectif. Comme le rein, elle filtre également le sang : elle en retient les déchets cellulaires, des corps étrangers et quelques virus. Elle joue aussi, semble-t-il, un rôle fondamental dans l'élimination du *Plasmodium falciparum*, le parasite responsable du paludisme.

Elle a donc une fonction importante dans le système immunitaire. C'est une sorte de « salle de coordination » où les macrophages (globules blancs) présentent les intrus qu'ils ont capturés aux lymphocytes B et T produits par la moelle osseuse, afin de générer une réponse et une mémoire appropriées chez ces mêmes lymphocytes. Le ralentissement de la circulation du sang dans la rate, dû à la densité impressionnante de son réseau vasculaire, facilite le contact entre anticorps et macrophages.

Confrontée à une attaque extérieure, la rate peut toutefois se dilater, certes, lorsque la production de macrophages explose. On ne le sent pas, mais il suffit de tâter ses ganglions lymphatiques pour s'en convaincre ; ils ont un rôle identique à la rate et réagissent de même en gonflant.

Se faire de la bile, est-ce bien scientifique ?

La bile n'est pour rien dans la manifestation physiologique des soucis, pas plus que les soucis n'ont d'influence sur elle. L'expression « s'échauffer la bile » est également sans fondement scientifique. Ni le fait de se mettre en colère ni le fait d'être soucieux n'implique la bile de quelque manière que ce soit...

La bile est un liquide jaune vert fabriqué par le foie et stocké comme il se doit dans la vésicule biliaire. Chaque jour, nous en fabriquons entre un demi-litre et un litre !

La bile facilite la digestion des graisses. En effet, toutes les réactions chimiques du métabolisme se déroulent dans l'eau. Or, il est bien connu que les graisses n'aiment pas l'eau. Elles flottent, forment des yeux, se rendant ainsi inaccessibles aux enzymes. Quand elles arrivent dans la première portion de l'intestin grêle (le duodénum), agglomérées au bol alimentaire que l'on nomme « chyme » à ce stade, la paroi de l'intestin libère une hormone, la cholécystokinine. Celle-ci, via le sang, provoque la contraction de la vésicule biliaire, qui déverse alors son produit dans le canal cholédoque, dans lequel le pancréas, également sollicité par la même hormone, envoie son suc gastrique. L'hormone provoque dans le même temps le relâchement du muscle circulaire, le sphincter d'Oddi, qui ferme hermétiquement le canal cholédoque à sa jonction avec l'intestin ; quand le sphincter est fermé, la bile déversée par le foie remonte par le canal cystique dans la vésicule biliaire. La bile peut alors entrer en contact avec le chyme dont elle neutralise l'acidité par ses ions bicarbonates, de pH basique (supérieur à 7).

Surtout, la bile provoque la formation d'une émulsion à partir des graisses, qui peuvent dès lors être attaquées par les enzymes pancréatiques, dont la lipase. Émulsionnées, c'est-à-dire réduites en une multitude de gouttelettes très fines, les graisses offrent une bien plus grande surface d'attaque pour les enzymes. Ce rôle de détergent repose sur les sels des acides biliaires, qui sont des produits de dégradation – par oxydation – du cholestérol, qui est une graisse.

La bile permet aussi au foie d'évacuer les produits de dégradation des globules rouges. Cassés notamment par la rate, ces derniers sont transformés en biliverdine (de couleur verte), puis en bilirubine (de couleur rouge ou jaune, celle des hématomes après quelques jours, celle de la jaunisse lorsque celle-ci s'installe), que le foie intègre à la bile. Dégradée ensuite dans l'intestin, la bilirubine donne une autre molécule, l'urobilinogène, qui colore en brun nos fèces.

Pourquoi le foie est-il si gros ?

Le foie est quatre fois plus gros que le cœur. C'est l'organe mou le plus volumineux du corps humain. Le plus lourd aussi : pesant en moyenne 1,5 kg chez l'adulte, il représente 2 % de son poids total.

Cette importance physique se vérifie au niveau physiologique. Le foie est l'organe dans lequel se réalisent le plus de réactions chimiques. Le métabolisme des trois briques fondamentales du monde vivant – les glucides, les lipides et les protéines – dépend en grande partie de sa bonne santé. L'inactivation de substances toxiques comme l'alcool, ou encore la transformation de molécules devenues gênantes, reposent sur son bon fonctionnement. Si l'on peut vivre avec un foie atrophié, l'organe étant capable de repousser, nul ne peut vivre sans. De même qu'il n'y a qu'un cœur, il n'y a qu'un foie. Pour autant, les fonctions assurées par l'organe sont aussi multiples qu'entremêlées. Le foie régule tout d'abord le taux de sucre dans le sang en le transformant en glycogène (sous la commande de l'insuline, sécrétée par le pancréas). Si la glycémie baisse, le glycogène est dégradé (sous l'effet du glucagon, autre hormone du pancréas) pour libérer du sucre dans le sang. Mais si les réserves de sucre sont taries, par exemple après un périple particulièrement éprouvant pour l'organisme, le foie va les reconstituer en transformant les acides aminés, le glycérol (un alcool à la formule proche d'un sucre) et les triglycérides (constituant majeur des graisses) en glucides, au prix d'une énorme consommation d'énergie. Dans le cas inverse, si la glycémie est décidément trop forte, le foie transforme les glucides en lipides, prévenant le risque d'obésité.

Le foie fabrique aussi des protéines à partir des acides aminés issus de la dégradation d'autres protéines dans l'intestin. Avec ces acides aminés, il synthétise notamment de l'albumine, aux multiples fonctions, le fibrinogène, précurseur de la fibrine qui intervient dans la coagulation du sang, et le complexe prothrombinique, autre élément important de la coagulation. Si le corps manque d'énergie ou s'il est trop riche en protéines, le foie peut aussi transformer les protéines en lipides, et ce à l'attention des gros mangeurs de viande qui font du gras et menacent leur foie...

Le foie agit sur les déchets issus de la désintégration des protéines, notamment de l'ammoniaque qu'il sait transformer en urée afin de neutraliser sa grande toxicité. Grâce à la bile qu'il synthétise (voir p. 33, 203), le foie participe également à l'élimination des graisses dans l'intestin, mais aussi à leur synthèse sous forme de triglycérides. Il fabrique et aussi dégrade le cholestérol, indispensable à la fabrication des hormones stéroïdes (sexuelles et surrénales), et synthétise les lipoprotéines, molécules assurant le transport des lipides d'un tissu à l'autre. Mais qu'à cela ne tienne : le foie sait aussi stocker les vitamines liposolubles (A, D, E, F et K) et le fer provenant de la dégradation des globules rouges.

Enfin, le foie est l'organe détoxifiant par excellence. Il inactive nombre d'hormones ou d'enzymes et débarrasse le sang des molécules longues telles que les médicaments, les hormones, l'alcool ou les polluants organiques persistant en sous-produits parfois plus toxiques. Avec autant de tâches à assurer, le foie, à l'évidence, ne peut être qu'énorme !

Pourquoi les ganglions grossissent-ils parfois ?

Produite par filtration du plasma sanguin, la lymphe constitue une sorte de trop-plein grâce auquel le volume du plasma peut demeurer constant dans le corps. En ce sens, elle participe directement à l'homéostasie. Elle circule dans un réseau qui est le calque du système sanguin, auquel elle est intimement reliée.

Toutefois, le système lymphatique a ceci d'unique qu'il est doté de ganglions, ceux-là même que le médecin recherche en palpant le cou, les aisselles et l'aine, avant d'établir tout diagnostic. La moindre infection se traduit en effet par un gonflement de ces ganglions. Ces citernes accueillent en permanence des lymphocytes. Circulant dans la lymphe, les anticorps sont confrontés aux antigènes (les intrus) dans la rate et les ganglions, ce qui évite leur propagation dans le sang : sans cela, le moindre antigène, qui peut être une cellule cancéreuse, serait véhiculé rapidement à l'ensemble de l'organisme.

Les ganglions forment le premier rempart du système de défense de l'organisme. Il est donc logique qu'ils grossissent lorsqu'ils sont sollicités car il leur faut alors accueillir bien plus de lymphocytes. Doit-on s'en inquiéter ? Les campagnes de prévention du cancer nous ont tous rendus un peu hypocondriaques. Ce n'est pas parce que les ganglions sont gonflés qu'ils regorgent de cellules cancéreuses ! Une simple angine, par exemple, suffit à les mettre en ordre de bataille. Mais une fois l'infection passée, si les ganglions ne dégonflent pas, mieux vaut consulter. On procède alors à une exérèse (prélèvement) d'un ganglion à fin d'analyse. Dans la plupart des cas, le laborantin ne constate rien d'autre que le germe d'une mononucléose. Et si le gonflement des ganglions perdure, c'est le signe que le système immunitaire est particulièrement actif. Plutôt rassurant !

Les villes polluées favorisent-elles l'asthme et les allergies ?

C'est désormais une affaire entendue : la pollution de l'air favorise l'apparition des allergies et de l'asthme, et aggrave l'état de santé des personnes allergiques et asthmatiques. Par ailleurs, elle serait directement responsable chaque année de 2 500 à 3 000 décès en Ile-de-France, et de quelque 3 millions à l'échelle du globe.

L'allergie apparaît quand le système immunitaire réagit de façon disproportionnée à un agent auquel il a déjà été confronté. Le mécanisme est assez simple. Quand une substance allergène, c'est-à-dire susceptible de provoquer une réaction allergique, entre pour la première fois en contact avec le système immunitaire, elle est immédiatement « avalée », phagocytée par les macrophages (voir p. 20, 32, 37, 62, 93, 177). Ces membres de la grande famille des globules blancs sont particulièrement nombreux dans les endroits de l'organisme par lesquels s'immiscent les substances étrangères, notamment la peau et les muqueuses qui tapissent les voies d'entrée et de sortie du corps (bouche, trachée, nez, etc.). Retenus par les macrophages, les allergènes sont présentés aux lymphocytes B au niveau de la rate et des ganglions lymphatiques (voir p. 32, 36). Ils achèvent alors leur différenciation en se transformant en plasmocytes. Ces derniers fabriquent les anticorps spécifiques à la substance allergène. Une fois synthétisés, ces anticorps immunoglobulines de type E, ou IgE, sont transportés vers d'autres cellules du système immunitaire, les mastocytes, situés dans la peau et les muqueuses.

Après avoir identifié la menace grâce aux macrophages, l'organisme a fabriqué un soldat spécifique qui ne se mobilisera que contre elle, si elle survient de nouveau. Il a aussi enregistré la structure de l'allergène dans l'enchaînement moléculaire d'autres lymphocytes, les lymphocytes T. Si, en l'absence d'attaque nouvelle, les mastocytes ont disparu, une menace survenant, même des années plus tard, sera très vite contrée grâce aux lymphocytes T, qui feront fabriquer les bons IgE stockés dans les mastocytes.

Lors de la seconde infection, les IgE se fixent sur l'allergène. Les mastocytes libèrent alors de l'histamine. Cette molécule est la vraie responsable de la réaction allergique : c'est elle qui déclenche une contraction des muscles des bronches et de l'intestin, ainsi qu'une dilatation des artères. Tous les maux que connaissent les personnes allergiques en découlent.

L'asthme est aussi une conséquence de « l'hyperréponse » de l'organisme au contact d'un allergène. La maladie trouve en effet son origine dans une contraction des muscles des bronches qui rend difficile l'inspiration. Hypersensibles, les bronches se congestionnent, ce qui les rend encore moins aptes à assurer convenablement leur fonction.

Mais comment la qualité de l'air intervient-elle, au juste, dans le processus allergique ? Elle ne peut le déclencher, puisque l'allergie est multifactorielle, comportant notamment un paramètre génétique. Certains composants de l'air occasionnent toutefois une inflammation chronique des muqueuses, rendues de ce fait trop sensibles. C'est cette hypersensibilité qui facilite l'apparition de l'allergie, parmi d'autres facteurs tels que les pollens, les infections alimentaires et les antibiotiques, qui privent d'exercice le système immunitaire.

Les particules en suspension dans l'air sont les premières incriminées. Avec un diamètre inférieur à 10 micromètres (10 millionièmes de mètre), elles pénètrent très profondément dans les bronches, gênant « physiquement » le fonctionnement de leurs cellules ciliées, censées éviter l'arrivée de corps étrangers dans les poumons. Elles se déposent alors sur les alvéoles, qui se défendent en sécrétant du mucus. On s'interroge également sur la composition de ces particules, car on y trouve à la fois des poussières de toutes sortes et l'ensemble des molécules toxiques connues dans l'atmosphère, y compris des hydrocarbures imbrûlés, signature des moteurs Diesel...

L'autre sujet d'inquiétude des allergologues est bien sûr l'ozone. Non pas la fameuse « couche » qui forme un écran entre le rayonnement d'ultraviolets dans la haute atmosphère, mais celle qui apparaît au-dessus des villes quand il y fait trop chaud et que l'air ne circule pas. L'ozone se forme par réaction chimique entre les oxydes d'azote, autres gaz de combustion des automobiles, et toute une série de « composés organiques volatils ». Irritant pour les muqueuses, l'ozone est connu pour diminuer la capacité pulmonaire, c'est-à-dire le volume d'air utile que les poumons sont capables de brasser. Les oxydes d'azote sont, comme leur nom l'indique, des oxydants. Pour cette raison, ils sont très irritants pour les muqueuses. Ils sont aussi suspectés d'amoindrir les défenses immunitaires, tout en avivant l'hypersensibilité des personnes allergiques et asthmatiques. Les oxydes d'azote sont les composés les plus inquiétants pour les personnes fragiles, particulièrement les enfants et les personnes âgées.

Mais ne pensez surtout pas vous prémunir de la pollution en vous enfermant chez vous : l'air intérieur, s'il n'est pas renouvelé par la simple ouverture des fenêtres, a des chances d'être bien plus contaminé que l'air extérieur ! Aux particules, aux oxydes d'azote et à l'ozone s'ajoutent en effet les innombrables composés organiques volatils émis par les moquettes, les meubles, les produits ménagers, les parfums artificiels...

2

Le squelette et les membres

Peut-on encore sentir un membre que l'on a perdu? *Un bébé a-t-il plus ou moins d'os qu'un adulte?* Les douleurs articulaires augurent-elles d'un changement de temps? *Pourquoi le majeur est-il le doigt le plus long?* À quel âge commence-t-on à rapetisser? *Est-il dangereux de faire craquer ses articulations?* Pourquoi ampute-t-on encore de nos jours? *Peut-on encore grandir lorsqu'on est adulte?*

Peut-on encore sentir un membre que l'on a perdu ?

Des jours, des semaines, des mois, parfois des années après leur opération, les amputés affirment sentir le membre qu'ils ont perdu. Beaucoup en souffrent. À l'appui de cette sensation, certains invoquent la météo ou le cycle des saisons, d'autres leur moral du moment. Étudiés depuis peu, les « membres fantômes » révèlent un fonctionnement du cerveau que l'on était loin d'imaginer il y a vingt ans à peine.

Par membres amputés, on entend bien sûr les bras, les mains, les pieds et les jambes, mais aussi les seins, les viscères, la langue, le pénis et les testicules. Il arrive même que des tétraplégiques sentent leurs membres inertes. Les personnes paralysées des bras ou des mains en raison d'une « avulsion du *plexus brachialis* » (un écrasement du réseau nerveux innervant les bras, situé sous chaque clavicule) – pathologie typique des accidents de la route – ressentent également leurs membres, qui ne délivrent pourtant aucune sensation, ni dans un sens (afférent, vers le cerveau) ni dans l'autre (efférent, du cerveau vers les membres).

Plus étonnant encore, il semble que les personnes qui ont dû être amputées, suite à un accident, sont plus sujettes au phénomène du « membre fantôme » que celles dont l'amputation a été programmée médicalement. Par ailleurs, tous ces témoignages font état d'une vive sensation du membre fantôme. Le bras, la jambe, la main ou le pied est « vu » comme avant, avec ses déformations, ses fractures, ses ulcères, ses démangeaisons, ses problèmes de peau, ses zones douloureuses et, le plus souvent, dans la position qu'il ou elle occupait avant l'opération ou l'accident. En se concentrant, les amputés parviennent à animer leurs fantômes : non seulement leurs membres amputés « renaissent », mais ils sont de nouveau opérationnels, la main disparue pouvant saisir une clé, et le pied amputé chausser un soulier. De même, les alliances ou les bagues sont perçues à leur place exacte...

Toutes ces observations donnent à penser que le cerveau est abusé. En effet, la sensation d'un membre est renforcée par sa vision, qui affine ses contrôles moteurs. Privé de la vision du membre auquel il est néanmoins connecté, le cerveau compenserait en sollicitant plus intensément les nerfs du moignon, afin de susciter la représentation spatiale du membre absent. Sachant que la douleur est plus vivement éprouvée quand on sollicite électriquement le moignon, cette hypothèse a un temps prévalu. Elle est pourtant fausse.

La sensation de membre fantôme ne provient pas du membre lui-même, via les terminaisons nerveuses, mais des régions du cerveau qui commandent les membres. Complexe, la perception de la position de nos bras et jambes est élaborée par un faisceau d'informations tactiles et visuelles, qui prennent en compte la position des membres dans l'espace, ainsi que leurs mouvements (proprioception). S'y ajoutent d'autres informations qui, elles, proviennent des zones motrices du cerveau. Ces zones forment le cortex sensori-moteur primaire, l'une des régions les plus plastiques du cerveau (voir p. 94, 97, 163), dans laquelle les terminaisons nerveuses de chaque membre aboutissent à des endroits bien différenciés. Cela donne au cerveau une carte sensorielle du corps qui est sans doute innée, c'est-à-dire génétiquement fixée.

Ainsi, alors qu'un membre physiquement présent active le cortex sensori-moteur primaire, un membre fantôme excite le cortex prémoteur controlatéral, une région voisine. Si l'on montre à des personnes ressentant douloureusement une amputation une image de leur membre absent effectuant un mouvement simulé, c'est le cortex

« normal », moteur, qu'elles sollicitent. L'origine du membre fantôme serait donc une mauvaise orientation de l'information transmise par ce qui reste du membre amputé. Sa position sur la carte est toujours là, dans le cortex moteur, mais la carte n'est plus actualisée. La dissonance entre l'image de soi que fabrique le cerveau et la réalité du corps qu'il perçoit générerait des membres virtuels pour combler ce vide... dont la nature, c'est bien connu, a une sainte horreur ! Quant à la douleur, elle serait due à l'« annexion » des terminaisons nerveuses du membre sectionné, dans le cortex moteur, par celles d'autres membres fonctionnels. La plasticité du cerveau se retournerait donc contre l'amputé...

Un bébé a-t-il plus ou moins d'os qu'un adulte ?

Il en a beaucoup plus ! À la naissance, il en compte 350, alors que sa mère et son père n'en ont que 206 ou 208. Ce n'est pas que le nouveau-né naisse à proprement parler avec plus d'os, mais son squelette, encore inachevé, est pour partie en pièces détachées. Il n'est d'ailleurs pas tout à fait ossifié. Le cartilage est omniprésent. Au fil des semaines, ces pièces vont fusionner et le nombre d'os va diminuer. Pas au niveau du crâne, cependant : la disparition des fontanelles vise à rapprocher des os écartés pour faciliter la déformation du crâne lors de l'accouchement et permettre la croissance du cerveau, qui n'est terminée qu'à l'âge de 2 ans.

Cette diminution du nombre d'os signifie donc simplement que certains os, en partie cartilagineux, ne sont pas encore formés. Les derniers à fusionner sont ceux des clavicules, vers l'âge de 18-20 ans. Cette caractéristique a une double conséquence : les os des enfants sont plus fragiles, mais aussi plus faciles à réparer que les os des adultes. Ainsi, une fracture est-elle plus rapidement réduite chez le bébé que chez ses parents.

Une infime minorité (1 % de la population environ) conserve tout de même un ou deux os de trop à l'âge adulte. Ainsi, on relève plaisamment que certaines personnes ont une ou deux « côtes d'Adam ». En fait, elles ne sont nullement dotées d'une côte surnuméraire ; simplement, les arêtes (apophyses) de leur septième vertèbre cervicale sont si démesurées qu'elles compriment la ou les artères sous-clavière(s). Cela peut entraîner une diminution du flux sanguin (ischémie) ou une thrombose (apparition d'un caillot de sang dans l'artère). Cette compression peut aussi s'exercer sur le plexus brachial, ce paquet de nerfs qui connecte les bras et les mains à la moelle épinière. Tous ces symptômes participent du syndrome du défilé cervicothoracique, qui se traduit par un engourdissement douloureux des membres. Mais toutes les personnes dotées d'une vraie fausse côte supplémentaire n'en sont pas atteintes...

Les douleurs articulaires augurent-elles d'un changement de temps ?

Nombre d'arthritiques se plaignent d'une aggravation de leurs douleurs lorsque la température et la pression extérieures évoluent brutalement. Toutefois, aucune étude scientifique n'a jamais pu corroborer leurs constats. Les douleurs articulaires chroniques sont le plus souvent dues à des inflammations, regroupées sous le terme général d'arthrites.

Les médecins supposent que la pression sanguine serait plus élevée dans les capillaires irriguant les articulations.

Cette différence s'accentuerait en cas de chute de la pression extérieure : plus perméables à cause de l'inflammation, les parois des capillaires seraient plus sensibles à l'évolution de la pression extérieure.

Une autre hypothèse médicale s'appuie sur les propriétés du liquide synovial qui lubrifie les articulations, et dans lequel se trouve beaucoup d'azote. Constituant majeur de l'air, l'azote n'est pas métabolisable, et s'accumule donc dans tous les tissus de l'organisme. Comme tout gaz, il se détend lorsque la pression diminue. Dissous dans le liquide, il prend la forme d'une bulle gazeuse, laquelle augmente de volume jusqu'à éclater. C'est le bruit qu'on entend quand nos os craquent : l'étirement des membres ne fait que diminuer la pression au niveau des articulations. Particulièrement nombreuses chez les personnes souffrant d'arthroses, qui produisent davantage de liquide synovial pour atténuer les frottements entre les os au niveau des articulations, ces petites bulles pourraient tout à fait être sensibles à l'évolution de la température et de la pression extérieures. Une chute du baromètre induirait une dépression dans les bulles, qui éclateraient sans bruit, mais en générant de la douleur.

La réponse à toutes ces interrogations pourrait aussi bien se situer dans les os. L'arthrose est une usure grave du cartilage qui recouvre, comme un manchon, l'extrémité de chaque os impliqué dans une articulation. Les deux os s'entrechoquent et s'usent mutuellement. Non seulement cela crée une douleur intense, très invalidante, mais la locomotion, voire le moindre mouvement, sont rendus difficiles. Les articulations les plus touchées sont celles qui ont la charge du poids du corps, en particulier les hanches et les genoux. Au microscope électronique, on observe des os très abîmés, remplis de trous et de creux, dont les extrémités sont poreuses.

Selon certains rhumatologues, cette porosité favorise la fixation de bulles d'air qui réagissent aux évolutions de la pression et de la température. Si la pression chute brutalement, annonçant par exemple un orage, les bulles d'air vont logiquement se dilater. Inversement, si la température chute, les bulles se rétracteront. En pratique, aucune étude n'a toutefois pu valider cette hypothèse.

En revanche, il semblerait bien que les changements de temps influent sur les migraines. Selon diverses études, un migraineux chronique sur deux serait sensible aux changements météorologiques, en particulier à la survenue d'orages. D'aucuns stigmatisent les ondes à très basse fréquence générées par le dipôle électrique qu'est l'orage approchant. Mais comment ces ondes pourraient-elles exciter un des deux nerfs du trijumeau, responsable des migraines ? Mystère...

Pourquoi le majeur est-il le doigt le plus long ?

Le majeur est non seulement le doigt le plus long de la main, mais aussi le plus solide. C'est généralement le cas chez tous les vertébrés, et en particulier les grands singes. Le fait que le doigt le plus long soit positionné au milieu, dans l'axe de chaque membre, est une première indication : il équilibrerait la main et répartirait équitablement la force de préhension de part et d'autre de son axe. S'il était plus court, la main serait moins fonctionnelle, et sans doute moins « forte ». C'est ce que l'on observe plus ou moins chez les personnes privées de tout ou partie de ce doigt. En outre, l'anatomie de la main met en évidence que les muscles sont organisés autour du majeur. Voici donc un argument décisif : le majeur serait le doigt le plus long parce qu'il est le « tenseur » de la main.

À l'inverse, le pouce est le doigt le plus petit. On en connaît l'explication : le formidable outil qu'est la pince constituée par le pouce et l'index doit sa précision à la petite taille du pouce, relativement à l'index. Seuls les primates bénéficient de ce caractère évolutif qui a permis à nos ancêtres non seulement de s'accrocher aux branches, mais surtout de saisir les objets. La préhension a fait les primates et, s'affinant, a contribué à faire l'homme. Majeur plus long et pouce plus court : ces différences sont fixées génétiquement et se mettent en place au stade embryonnaire. Les gènes homéotiques (voir p. 78, 141) désignent l'emplacement des parties du corps selon l'ordre de leur localisation sur l'ADN. Le premier activé « code » pour la tête ; le dernier, pour les jambes.

Récemment, des expérimentations menées sur des souris de laboratoire ont permis d'affiner nos connaissances en la matière. On s'est en effet aperçu que, une fois les ébauches de membres formées, les gènes Hox, toujours présents, commandent également la formation des amorces de doigts selon leur ordre. Le premier code pour le pouce, le dernier pour l'auriculaire. Autre découverte fondamentale : une fois l'ébauche de l'auriculaire apparue chez la souris, un autre gène est activé. Baptisé Sonic Hedgehog, il code pour une protéine dont la concentration, différente d'une ébauche à l'autre, déciderait de la longueur de chaque doigt.

Mais pourquoi le troisième doigt du pied n'est-il pas le plus long, à l'instar du majeur ? Parce que le plan de développement du pied est différent. Contrairement à celui des grands singes, le pied n'est pas préhensile, il est juste « marcheur ». Un troisième doigt plus long contrarierait la locomotion humaine en laissant traîner le pied sur le sol, alors même qu'il voudrait le quitter.

À quel âge commence-t-on à rapetisser ?

Généralement, la colonne vertébrale commence à donner des signes de faiblesse vers 70 ans. C'est qu'on ne rapetisse pas, bien entendu, on s'affaisse. L'âge aidant, les disques intervertébraux s'écrasent sous le poids conjugué des vertèbres et de la gravité. En particulier, l'un des constituants vertébraux, le *nucleus pulposus*, se dessèche. Cette sorte de coussinet est un illustre inconnu, au sens littéral de l'expression! En effet, lorsqu'il s'échappe de son disque, suite à un choc, par exemple, c'est lui qui compresse les terminaisons nerveuses ou dérange la moelle épinière, déclenchant ainsi une hernie discale.

Avec l'âge, les courbures naturelles du dos, sans lesquelles nous ne saurions tenir droit, s'accentuent. En remontant le dos, on distingue un premier creux, la lordose lombaire, puis la bosse (cyphose), et un nouveau creux, la lordose cervicale. Bien des personnes très âgées marchent – quand elles le peuvent – presque recroquevillées sur leur canne. Leur dos ne leur permet plus de se tenir droites parce que les lordoses et la cyphose, qui les maintenaient, se sont accentuées. La cyphose notamment, dans les cas pathologiques, devient une « hypercyphose », déformation plus connue sous le nom de « bosse de sorcière ». Ce n'est pas nécessairement douloureux, mais terriblement invalidant : non seulement la personne qui en est affectée perd quelques centimètres, mais son champ de vision devient très limité.

Bien plus embêtante est l'hypercyphose déclenchée par la ménopause. Chez certaines femmes, la perte de calcium est telle, à cause de l'ostéoporose, que les vertèbres deviennent poreuses et se fracturent. Moins rigides, elles se tassent rapidement, ce qui accentue les fractures existantes et, de surcroît, en crée de nouvelles. Une bosse de sorcière apparaît, qui s'accentue au fil des ans. D'autant que les muscles du dos fondent, comme d'ailleurs l'ensemble des muscles du corps. Ils sont donc moins capables de corriger les tassements et les creusements en tirant sur la colonne.

Ainsi, il est vrai que l'on « rapetisse » avec l'âge. Vieille ou vieux, nous perdons environ 3 à 4 cm par rapport à notre taille d'adulte. La posture courbée accroît encore cette différence.

Est-il dangereux de faire craquer ses articulations ?

Les articulations craquent lorsque l'azote du liquide synovial passe, à la suite d'une chute brutale de la pression due à un étirement, sous une forme gazeuse, avec des bulles qui éclatent (voir p. 46). La synovie est un liquide incolore, constitué d'eau, de protéines, de polysaccharides, d'acide hyaluronique et de sels minéraux, et excrété par la membrane synoviale qui recouvre l'extrémité de chacun des os d'une articulation. Le liquide est issu d'une filtration du plasma sanguin par la membrane. Celle-ci fonctionne aussi en sens inverse en débarrassant le liquide de synovie des déchets qui s'y accumulent. La « synovie » lubrifie, elle nourrit aussi les cartilages qui encapsulent l'extrémité des os. Elle crie donc lorsqu'on étire les articulations. Elle est aussi impliquée dans les douleurs de l'arthrose.

Existe-t-il pour autant un lien entre cette habitude de faire craquer ses doigts et le fait qu'ils puissent être ratatinés par la maladie des années plus tard ? Des scientifiques se sont penchés sur la question. Leur réponse est catégorique : non. En revanche, des études statistiques menées aux États-Unis tendent à démontrer que le choc généré par l'explosion de chaque bulle pourrait, à la longue, affaiblir les ligaments et réduire la force de préhension de la main.

À ce jour, on n'a aucune certitude, mais il est possible que, lors d'un craquement, il se produise dans l'articulation la même chose qu'au niveau d'une hélice de bateau : un phénomène de cavitation. En explosant, les bulles généreraient des ondes de choc assez énergiques pour léser les ligaments. Par ailleurs, le craquement durerait assez longtemps pour perturber le système musculaire de protection des articulations. La perturbation induite par l'explosion des bulles serait plus rapide que la réponse des muscles périarticulaires lors de l'étirement. Et, peu à peu, l'articulation s'abîmerait et perdrait de son efficacité, diminuant la puissance du membre qu'elle anime.

Pourquoi ampute-t-on encore de nos jours ?

Dans les pays riches, l'amputation est devenue une opération très rare. On ne la pratique plus guère qu'en cas d'extrême nécessité. Le cancer des os en est une. La tumeur maligne de l'ostéosarcome se traduit, selon les cas, par une destruction ou bien une fabrication excessive de la matière osseuse. Dans les cas les plus graves, lorsque la tumeur atteint une taille trop importante pour être chirurgicalement ôtée, ou qu'elle récidive trop souvent au même endroit, il faut amputer le membre affecté.

Toutefois, la pathologie qui nécessite le plus souvent l'amputation reste le diabète. Sept mutilés du pied sur dix sont diabétiques ! On recense 10 000 nouveaux cas chaque année en France. Une telle intervention peut surprendre, la gangrène du pied, qui exige son ablation, débutant le plus souvent par un simple ulcère. Mais les diabétiques finissent par perdre toute sensation dans leur pied. À long terme, en effet, les terminaisons nerveuses disparaissent à cet endroit en raison de la fermeture des capillaires sanguins qui alimentent le pied. Le sang se trouve bloqué dans les membres inférieurs, et parfois aussi dans les coronaires et le cerveau, l'hyperglycémie se traduisant par la formation de caillots sanguins (les thromboses). Or, quand le sang ne circule plus, l'oxygène n'alimente plus les organes et les tissus. Une ischémie s'installe. En aval des thromboses, nerfs et vaisseaux meurent par asphyxie, et le pied s'infecte. Il pourrit littéralement. La gangrène se propage. Il faut amputer. On parvient au même diagnostic lorsqu'un pied gâté est traité trop tard. Dans les pays tropicaux, certaines infections par des champignons dégénèrent souvent en tuméfactions très douloureuses, suppurantes, et en atteintes osseuses. Parmi ces maladies, l'une des plus graves est le « pied de Madura », du nom de la ville indienne où un médecin militaire anglais la décrivit au XIXᵉ siècle.

Peut-on encore grandir lorsqu'on est adulte ?

On cesse de grandir lorsque les os ont achevé leur formation, c'est-à-dire vers l'âge de 20 ans en moyenne. La croissance osseuse est un processus complexe, au cours duquel le squelette est entièrement refait à neuf. Le cartilage est progressivement remplacé par de l'os véritable, à ceci près qu'il reste du cartilage au niveau des articulations (voir p. 46).

Ce processus est constant, mais s'accélère au cours de deux phases : durant les dix-huit premiers mois de la vie, puis à la puberté. Au cours de la première période, le petit être grandit d'une trentaine de centimètres, 25 en moyenne la première année, 12 la seconde. De 4 à 10 ans, il ne s'allonge ensuite que de 5 à 6 cm par an. Puis, au cours de la seconde phase de croissance, les garçons gagnent 28 cm environ, alors que les filles ne croissent que de 20 cm. Celles-ci démarrent toutefois leur puberté plus tôt, à l'âge de 8-10 ans, tandis que les garçons n'en connaissent les premiers tourments qu'aux alentours de 10-12 ans. Le squelette du garçon achève donc sa transformation définitive plus tard que celui de la fille : à 18 ans au lieu de 16. Quelques ajustements supplémentaires prendront une à deux années supplémentaires.

En fait, la croissance du squelette est double : elle s'effectue en longueur (dite « endochondrale ») pour les os censément longs (membres), et en largeur (« endomembraneuse ») pour les os du crâne et les vertèbres. Au niveau des bras et des jambes, le cartilage n'est pas transformé, mais détruit, comme c'est le cas pour les autres abattis. Durant la croissance pubertaire, un « cartilage de conjugaison » sépare l'extrémité des portions déjà ossifiées des os longs, qui sont les derniers à achever leur ossification. Au fil des mois, à mesure que l'ostéogenèse gagne, le cartilage de conjugaison se réduit. Dans la croissance, il joue en fait le rôle de déclencheur. Dès qu'il a disparu, celle-ci est achevée.

Quelques décharges de testostérone, hormone mâle synthétisée par les testicules et les ovaires, commandent la soudure des extrémités aux os afférents. Plus tard, l'os se remanie lentement pour conserver sa capacité à réparer les fractures. S'il se renouvelle entièrement en un an chez l'enfant, il faut 35 ans à l'âge adulte ! Le capital osseux, mesuré au taux de calcium dans l'organisme, n'est toutefois définitivement acquis qu'entre 30 et 35 ans. Il est alors d'environ 1 kg, contre 800 g vers 17 ans, 400 g à 10 ans et... 30 g à la naissance !

Le sexe

Éjaculer souvent préserve-t-il du cancer de la prostate? *Pourquoi a-t-on des poils sur le pubis?* Le Viagra a-t-il un effet sur les femmes? *Les hommes porteront-ils un jour des enfants?* Peut-on avoir été conçu homme et naître femme? *Les eunuques peuvent-ils faire l'amour?* Peut-on capter les hormones du sexe opposé? *Les femmes ont-elles leurs règles toutes en même temps?* Que sont les pertes vaginales? *À quoi servent les règles?* Un homme peut-il avoir un orgasme sans éjaculer? *Comment un chirurgien transforme-t-il un homme en femme, ou une femme en homme?* Une femme devenue homme a-t-elle des érections? *Un grand pénis fait-il un grand amant?* La taille du pénis est-elle liée à celle du nez ou du majeur? *Les Africains ont-ils véritablement un pénis plus grand que les Européens?* La forme du vagin est-elle identique d'une femme à l'autre?

Éjaculer souvent préserve-t-il du cancer de la prostate ?

La prostate est chez l'homme, après les poumons, l'organe le plus menacé par les risques de cancer. Quelque 10 000 Français en meurent chaque année. Or, la prostate étant un organe reproducteur fondamental, elle a donc à voir avec la sexualité. Conjointement aux vésicules séminales, elle fabrique ce fameux liquide dans lequel baignent les spermatozoïdes. Les scientifiques se sont logiquement demandé s'il existait un rapport entre la fonction et le cancer ; autrement dit s'il y avait une corrélation entre sexualité et cancer de la prostate.

Or, une étude épidémiologique publiée en 2003 par des chercheurs australiens a démontré que celle-ci était avérée : la fréquence de l'éjaculation protégerait l'homme du cancer. Un questionnaire sur leurs pratiques sexuelles a ainsi été adressé à 1 079 malades et à 1 259 hommes sains. Plus précisément entre 20 et 50 ans, et en particulier entre 20 et 25 ans, plus l'homme éjacule moins il est susceptible de développer une forme de cancer de la prostate. La bonne moyenne serait de cinq jets hebdomadaires : cette fréquence permettrait de diviser par trois tout risque cancéreux.

D'autres études ayant démontré que le nombre de partenaires sexuel(le)s multiplie le risque de contracter une forme agressive de cancer de la prostate, il a été possible d'affiner ce résultat. En effet, les partenaires sexuel(le)s peuvent transmettre des infections qui, survenant à une fréquence accrue, favorisent l'apparition de ce type de cancer. On peut en conclure que l'éjaculation répétée ne serait protectrice qu'à la condition d'être pratiquée en solitaire...

Une autre étude épidémiologique, américaine celle-ci, publiée en 2004, est néanmoins venue nuancer cette affirmation. Un important échantillon de population masculine regroupant 300 000 individus a ainsi été suivi médicalement durant huit années. Tous les deux ans, ces personnes devaient répondre à un questionnaire sur leurs pratiques sexuelles. Dans les conclusions de ce travail mené à une échelle gigantesque, on apprend que les hommes qui éjaculent, de quelque manière que ce soit, plus de 21 fois par mois ont trois fois moins de risques de développer un cancer de la prostate que ceux qui ne le font que de 4 à 7 fois.

Qu'on se le dise : augmenter sa fréquence hebdomadaire de trois éjaculations entraînerait une diminution du risque cancéreux de 15 %! Le seuil serait à 12 fois : au-dessus, le décroissement du risque commencerait à être évident ; en dessous, il ne le serait pas. Bref, messieurs, pour conserver une bonne santé, vous savez ce qu'il vous reste à faire... Mais gardez à l'esprit que cela ne vous évitera pas pour autant le cancer de la prostate : cette affection, hélas, ne cesse d'augmenter, frappant des hommes de plus en plus jeunes. La pollution chimique est sans doute en partie responsable de cet état de fait.

Pourquoi a-t-on des poils sur le pubis ?

Ce n'est pas tant notre pubis qui intrigue les chercheurs que l'absence de poils partout ailleurs, ou presque, sur notre corps. En effet, contrairement aux autres mammifères, et singulièrement les primates, auxquels l'homme est apparenté dans l'évolution, nous avons perdu tous nos poils, sauf sur le crâne, aux aisselles et... au niveau du pubis. Pourquoi ? Précisément parce qu'ils sont apparents, avancent des évolutionnistes (voir p. 71, 116, 142, 144 et des primatologues, les poils pubiens localiseraient les organes génitaux, attirant immanquablement le regard. Lors de la verticalisation du corps humain impulsée par la bipédie, les organes sexuels de la femme se sont retrouvés cachés entre les jambes. Chez les grands singes (chimpanzés, bonobos, gorilles et orangs-outans), la vulve est au contraire bien visible. Son état d'excitation, qui se traduit par un gonflement, est plus qu'évident pour les mâles à plusieurs mètres de distance. Ces intentions n'étant pas aussi clairement affichées chez la femme, une parfaite visibilité de son pubis serait censée exciter l'homme qui aurait le privilège de la voir nue...

Mais pourquoi l'homme, dont le sexe reste bien visible, a-t-il tout de même des poils sur le pubis ? Sans doute ont-ils, à cet endroit, d'autres fonctions. Même si elles font toujours débat, les hypothétiques phéromones humaines seraient essentiellement émises à ce niveau, ainsi que sous les bras. Les phéromones sont des sécrétions extériorisées à doses infimes par les animaux, qui provoquent des réactions hormonales à distance. Elles ont un rôle fondamental dans l'excitation sexuelle. Peut-être en est-il de même pour les humains ?

Quoi qu'il en soit, il ne fait aucun doute que la sueur, digérée par des bactéries concentrées entre les poils, est transformée en composés volatils qui contribuent à l'excitation. Retenant poussières et particules, les poils du pubis protégeraient aussi pénis et vulve de l'intrusion de corps étrangers irritants. De même, ils limiteraient les infections par un certain nombre de microbes.

Les poils du pubis n'en sont pas moins un nid potentiel pour toutes sortes de parasites. La diminution du nombre de parasites entraînée par une moindre pilosité aurait d'ailleurs été, avec une meilleure régulation de la chaleur, l'un des paramètres de la perte progressive de nos poils. Enfin, la présence de poils sur le pubis éviterait les irritations dues au frottement des vêtements et au contact du partenaire sexuel.

Le Viagra a-t-il un effet sur les femmes ?

Le Viagra a eu un impact sociologique considérable. En redonnant de la vigueur au quinquagénaire occidental, il a brisé le tabou des pannes sexuelles et, de manière générale, a permis de reconsidérer la sexualité de cette période de la vie (et au-delà). Néanmoins, ce médicament a recentré la sexualité sur l'homme, aux dépens des problèmes rencontrés par les femmes. Ne serait-il pas possible de remédier, par un succédané chimique, à ce déséquilibre de traitement ?

De récentes études ont montré que, chez les femmes affectées par des troubles sexuels, l'état d'excitation est plus longtemps maintenu grâce à la prise de Viagra. Les sujets traités atteignent également plus facilement l'orgasme. Rien de bien significatif toutefois, sans compter que le principe actif de la pilule bleue (le citrate de sildénafil) induit de nombreux effets secondaires. Les médicaments concurrents du Viagra, le Cialis (la molécule active est le tadalafil) et le Lévitra (vardénafil), n'ont pas été testés.

Comme il s'agit d'un marché porteur, les géants de la pharmacie ont lancé des programmes de recherche pour mettre au jour des molécules « miracles » qui pallieraient les troubles sexuels des femmes. En février 2007, un patch spécifique dénommé Intrisa a ainsi été mis en vente. Ce traitement diffuse une faible dose de testostérone, l'hormone mâle par excellence, afin d'accroître l'excitation sexuelle. En effet, un taux faible de testostérone (l'hormone est naturellement présente dans le corps féminin) est souvent lié à une libido jugée peu satisfaisante. L'Agence française de sécurité sanitaire des produits de santé (Afssaps) a cependant tenu à préciser que ce patch est « exclusivement indiqué dans le traitement de la baisse du désir sexuel chez les femmes ayant subi une ablation des ovaires et de l'utérus (ménopause chirurgicalement induite) en association avec une estrogénothérapie, en particulier lorsque la baisse de ce désir induit une souffrance personnelle ».

Les hommes porteront-ils un jour des enfants ?

Dans de très rares cas, des grossesses extra-utérines féminines ont pu être menées à terme. Parmi elles, les cas de « grossesses extra-utérines abdominales » sont fort rares (1,4 % des cas de grossesses extra-utérines, un accouchement mené à terme sur 10 000). Par extraordinaire, il est arrivé que le placenta capte de l'intestin les substances nutritives nécessaires à l'être en gestation. La littérature médicale recense en tout et pour tout 16 cas de ce type. Selon les statistiques, 3 ou 4 de ces grossesses ont pu être menées à terme après un lourd traitement. Voilà un bien faible effectif, mais cela suffit pour imaginer que l'on puisse rendre les hommes... « enceints ». De fait, un abdomen féminin et un abdomen masculin ne diffèrent en rien.

L'idée est donc venue à quelques médecins d'implanter, non pas un œuf fécondé, mais un embryon déjà entouré de son placenta dans le ventre d'un homme. L'endroit tout désigné est l'omentum, ce pli très gras du péritoine qui relie certaines parties de l'estomac au côlon d'une part, au foie, au duodénum et à l'œsophage d'autre part. En effet, l'omentum est impliqué dans les 16 cas précités.

Avec force doses d'hormones féminines pour la maintenir, une grossesse masculine ne serait donc pas tout à fait impossible. On envisage d'ailleurs ce type d'intervention pour les femmes ayant largement passé l'âge de sécréter elles-mêmes assez d'hormones. Il n'en demeure pas moins qu'elle est autant improbable qu'une grossesse « ectopique » féminine, c'est-à-dire lorsqu'un organe n'est pas à sa place. Car un fœtus est fondamentalement un parasite pour le système immunitaire. L'« étranger » n'est toléré que replié dans l'utérus. Dans le cas contraire, le système immunitaire fait tout son possible pour chasser l'intrus.

Dans ces conditions, pourquoi ne pas implanter un utérus dans le corps d'un homme ? On sait le faire chez la souris, mais en utilisant des sujets génétiquement compatibles. Cela a également été réalisé en 2007 sur des brebis auxquelles on a ôté puis réimplanté leur propre utérus. Des expériences sont régulièrement menées sur le rat, le cochon et le lapin, mais aucune n'a été concluante chez le chimpanzé : jamais une femelle primate n'a pu accoucher à partir d'un utérus transplanté. Une expérience sur le macaque est toujours en cours.

Des chirurgiens saoudiens ont bien greffé pour la première fois l'utérus d'une femme de 46 ans sur une patiente de 26 ans qui avait perdu le sien suite à d'importantes hémorragies lors d'un accouchement. La donneuse devait subir, pour d'autres raisons, une hystérectomie (voir p. 74). Mais, 99 jours plus tard, après deux cycles menstruels, ils durent ôter l'organe étranger après avoir diagnostiqué une thrombose de l'artère qui alimente l'utérus.

En matière de transplantation d'organe, on se heurte toujours au même problème : le rejet. En l'occurrence, le risque en serait atténué si, chez la femme, l'opération de transplantation d'utérus était réalisée entre mères, filles et sœurs, immunologiquement compatibles. Le problème éthique soulevé par cette transplantation de l'organe procréateur d'une femme à l'autre n'en resterait pas moins posé, sans compter que le risque de rejet ne serait de toute façon pas complètement annulé. Toute sa vie, la patiente devrait se soumettre à un traitement aux immunosuppresseurs (médicaments antirejets), dont on ne connaît pas les effets secondaires sur un embryon.

Si cette pratique voyait le jour, il faudrait procéder à une implantation *in utero* pour parer à tout risque d'infection par le sperme du père. Cela supposerait donc, au préalable, que l'on congèle des embryons. Enfin, pour limiter encore les risques de rejet, on devrait, après l'accouchement, ôter l'utérus transplanté de la mère. De quoi rejeter dans les limbes la question d'un père qui veut aussi être une mère...

Peut-on avoir été conçu homme et naître femme ?

L'appartenance d'un individu à un genre sexuel est génétique, mais, dans les faits, c'est une petite protéine qui en décide. En êtes-vous doté ou non, et vous voilà homme alors que vous êtes une femme ! Si vous avez une paire de chromosomes XY, vous êtes un homme. Si c'est XX, vous êtes une femme. En principe... Car il existe des hommes XX, génétiquement féminins, et des femmes XY, héréditairement masculines !

La masculinité dépend en fait d'un unique gène, le SRY. C'est lui qui fait que l'homme n'est pas une femme. Ce gène est porté par le petit bras du chromosome Y. Il suffit d'une « translocation », d'un échange de segments entre un chromosome Y et un chromosome X, pour que ce petit gène de rien du tout passe de Y à X, avec les conséquences que l'on devine...

Ce gène code l'information nécessaire à l'élaboration de la protéine TDF, qui induit la formation des tissus constitutifs des organes sexuels mâles, c'est-à-dire qu'ils indiquent aux tissus, communs aux deux sexes, quel organe génital ils vont devoir former. En effet, au début de la vie embryonnaire, ces tissus sont indifférenciés. Ils sont organisés en deux ébauches d'organes : respectivement, les canaux de Wolff et de Müller.

Si aucune protéine TDF ne vient modifier le cours des choses, une progressive augmentation du taux des hormones sexuelles féminines par rapport à celui des hormones mâles « féminisera » ces deux ébauches entre les troisième et quatrième mois de la vie fœtale. Sans gène SRY, le cerveau embryonnaire émet une petite dose d'œstrogènes (hormones féminines) qui entraîne la régression de Wolff, tandis que Müller se transforme en utérus et vagin. À l'inverse, si la protéine TDF est émise entre la sixième et la septième semaine de la vie embryonnaire, le cerveau de l'embryon répand une dose infime de testostérone (une hormone mâle) qui déclenche une cascade d'événements très complexes. Les canaux de Müller régressent alors au profit des canaux de Wolff, qui produisent épididyme, vésicules séminales et canal déférent. Testicules ou ovaires, vulve ou scrotum, clitoris ou pénis se forment ensuite.

C'est ainsi qu'un embryon homme dépourvu de gène SRY, à une protéine près, devient une fille. Le bébé voit le jour avec une vulve et des ovaires, alors que c'est un garçon. De son côté, la fille porteuse du gène SRY naît avec des testicules et un pénis. Le « vrai » sexe – génétique – de ces individus se révèle à la puberté. Non seulement ils ne développent pas des organes sexuels parfaitement formés, mais il arrive que testicules et ovaires se confondent. Une anomalie ne venant jamais seule, cette conformation se prête particulièrement à l'apparition de cancers. Qui plus est, les sujets sont infertiles. Les garçons XX naissent dans une proportion de 1/20 000 naissances ; les filles XY, de 1/10 000. Les premiers ont du mal à grandir, tandis que les secondes présentent une forte pilosité et une carrure importante.

Les eunuques peuvent-ils faire l'amour ?

Contrairement aux idées reçues, certains eunuques peuvent faire l'amour, dès lors qu'ils sont capables d'avoir des érections. À condition, bien sûr, qu'ils n'aient pas été privés de leur sexe ! Traditionnellement, les eunuques sont d'ordinaire châtrés, ou castrés, c'est-à-dire qu'on leur interdit une fonction reproductive. L'ablation des testicules condamne un homme à ne jamais plus produire de spermatozoïdes. Toutefois, la prostate et les vésicules séminales demeurent fonctionnelles : les eunuques peuvent donc éjaculer.

Néanmoins, cela n'est possible que pour les hommes castrés après la puberté. Pratiquée avant la puberté, l'émasculation a pour effet de préserver, à vie, les caractères de l'enfance. Quel que soit leur âge, ces eunuques n'afficheront jamais de caractère viril : imberbes pour la plupart, leur voix ne mue pas et, surtout, leur prostate reste immature.

Mais comment est-il possible de connaître une érection sans testicules ? Tout simplement parce que les gonades n'interviennent pas dans la manifestation la plus évidente de l'émoi masculin. Le bébé, le jeune garçon, le prépubère et l'homme très âgé sont sujets à de belles érections. Le rôle du cerveau est en effet déterminant en la matière, ce que démontre, par défaut, l'absence de turgescence chez les victimes de traumatisme crânien ou de section de la moelle épinière. Excité, le cerveau stimule les corps caverneux et les artères du pénis. Il libère une hormone, la guanosine monophosphate cyclique, qui commande aux muscles du sexe masculin de se relâcher et au sang d'affluer vers la verge par les artères. Les corps caverneux, qui constituent l'essentiel du pénis, se gorgent alors de sang, lequel est empêché de retourner au cœur à cause de la compression des veines du sexe. Le retour à la « normale » n'intervient qu'après la dégradation de l'hormone par une enzyme. C'est justement pour freiner cette destruction que le Viagra a été inventé.

Si les eunuques peuvent faire l'amour, pourquoi leur a-t-on confié la surveillance des femmes dans les harems ? Pour une grande part, sans doute, par ignorance de leurs capacités physiologiques. Les femmes qu'ils gardaient se sont bien abstenues de corriger la légende, profitant d'hommes qui, selon quelques rares témoignages, maintenaient leur érection plus longtemps que les autres. D'autre part, les eunuques avaient, dans la plupart des cultures qui pratiquaient l'émasculation, un statut social très élevé, parfois proche du sacré. Comment imaginer que des hommes à part fussent capables de faire l'amour ! En Chine, toutefois, les eunuques étaient aussi allégés de leur pénis – on ne prend jamais assez de précautions... Les malheureux étaient incontinents, mouraient jeunes, alors même qu'ils accédaient aux plus hautes fonctions dans l'administration de l'Empereur...

Peut-on capter les hormones du sexe opposé ?

Cette interrogation est d'actualité en biologie humaine, ne serait-ce que parce qu'elle recouvre potentiellement un marché considérable pour les parfumeurs.

L'odorat entre-t-il en compte, et pour quelle part, dans les relations sociales ? L'attirance sexuelle se fonde-t-elle sur l'émission de doses infimes d'hormones particulières, les phéromones, que nous ressentirions tous sans même nous en rendre compte ? Bref, sommes-nous si éloignés des autres mammifères ? Dans cette classe du monde naturel, le sens de l'odorat est primordial. Les animaux se sentent, voire se ressentent, pour se jauger du point de vue relationnel. À l'odeur, les mâles sont informés de la réceptivité sexuelle des femelles.

Une expérience est restée célèbre, hélas unique, qui démontra que, dans une salle d'attente, les femmes s'asseyaient de préférence sur le seul siège légèrement imbibé de sueur masculine. À l'inverse, les hommes l'évitaient soigneusement. Des travaux conduits en Suisse ont permis de montrer que des femmes à qui l'on donne à respirer des T-shirts imprégnés de la sueur de différents hommes ont tendance à préférer ceux qui leur sont génétiquement les plus éloignés ; les mêmes chercheurs sont parvenus à identifier dans la sueur masculine des composés relatifs au système d'histocompatibilité, un des signes de la singularité génétique de chaque individu.

Des psychologues estiment par ailleurs que l'infidélité masculine viendrait en partie de la saturation de tous les récepteurs aux phéromones. Parvenu à ce stade, l'homme chercherait en quelque sorte à remettre les compteurs à zéro en confrontant ses récepteurs à d'autres phéromones. Toutefois, ces expériences et hypothèses n'ont jamais pu être véritablement reproduites et vérifiées, si bien que le mystère demeure. Car, s'il est évident que les hommes sont sensibles aux odeurs, en particulier à celles portées par les composés volatils émis par le vagin, et, après dégradation bactérienne de la sueur, par le pubis et les aisselles, il n'est pas assuré que nous percevions inconsciemment des molécules qui n'ont pas d'odeur.

Parmi la centaine de gènes codant pour les récepteurs de ces phéromones dans le monde des mammifères, il semble en effet qu'un seul resterait opérant pour l'espèce humaine. Par ailleurs, la vue est, avant l'ouïe, le sens le plus développé chez les grands singes, en particulier chez l'homme. Qui plus est, notre espèce communique avant tout par le langage. Et les silences et les sous-entendus en disent souvent plus long que les discours. Comme les phéromones...

L'odorat de notre espèce a été considérablement amoindri par des dizaines de siècles de parfums dont nous ne cessons d'user pour masquer les odeurs corporelles. Il n'est pas impossible que certaines personnes soient sensibles à d'éventuelles phéromones, mais elles ne seraient qu'une minorité à maintenir cette capacité ancestrale. La reconnaissance mutuelle instinctive et inconsciente entre la mère et son nouveau-né en serait le témoignage persistant.

Les femmes ont-elles leurs règles toutes en même temps ?

Théoriquement, la date de l'ovulation est fixée au 14e jour du cycle menstruel. Elle est entourée de quelques jours de fertilité entre le 10e et le 17e jour. Mais seulement un tiers des femmes sont fertiles dans cet intervalle. Pas moins de 70 % sont donc potentiellement reproductrices avant ou après ! Et, parmi elles, 5 à 6 % ont une ovulation tardive, au-delà du 28e jour, c'est-à-dire au moment des menstruations. Les femmes n'ont donc pas leurs règles toutes en même temps. Et une femme, tout au long de son existence, n'a pas un cycle régulier. Les hormones, l'humeur, les maladies, l'âge, les grossesses, la pilule contraceptive modifient en effet la menstruation.

La question posée sous-entend toutefois une autre interrogation issue de l'observation du comportement des filles en internat. Beaucoup y ont leurs règles en même temps, selon des cycles qui sont complètement modifiés durant les vacances et les longs séjours en dehors de la structure d'accueil. La compagnie harmoniserait les cycles.

Cependant, un doute demeure. Des travaux publiés au début des années 1970 ont bien démontré chez les souris une synchronisation des cycles menstruels d'origine phéromonale. D'autres ont établi une similitude étonnante avec ce que l'on peut observer chez les femmes : deux femmes qui passent beaucoup de temps ensemble finissent par avoir leurs règles à peu près à l'unisson. D'autres travaux ont montré qu'en présence d'un homme, toutes les femmes, comme un ensemble bien réglé, constatent un raccourcissement de leur cycle ovarien.

Pour expliquer ces résultats, l'idée est naturellement venue que des phéromones échangées entre les « sujets » et inconsciemment perçues par ceux-ci serviraient de messagers régulateurs. Dans les années 1980, on a cru identifier les aisselles comme aire de production de ces phéromones. En 1993, une expérience fut tentée avec un tissu imprégné de sécrétions axillaires imperceptibles provenant d'une patiente. Le cycle de toutes les femmes qui le humèrent en fut modifié. Quelques années plus tard, des chercheurs estimèrent que les sécrétions axillaires agissaient selon le moment de la période : avant ou après l'ovulation, elles provoqueraient un raccourcissement de la durée du cycle, alors que, durant la période d'ovulation, elles déclencheraient le phénomène inverse.

Qu'en déduire ? Eh bien, que nul ne sait ce qui provoque l'uniformisation des cycles menstruels dans les groupes de femmes ! L'existence de phéromones chez l'homme demeure hypothétique. La réaction, plus que remarquable, des femmes au tampon imbibé de la sueur de l'une d'entre elles n'a jamais été caractérisée de façon formelle : est-ce une réponse immédiate ? retardée ? Est-elle d'origine nerveuse ? hormonale ? psychologique ? Est-elle vraiment de nature inconsciente ? Autant d'interrogations passionnantes qui n'ont pas encore trouvé de réponse...

Que sont
les pertes vaginales ?

La nature fait bien les choses, dit le proverbe, et les proverbes disent presque toujours la vérité : ainsi, les pertes vaginales sont constituées d'un liquide chargé de nettoyer le vagin. Les pertes vaginales évacuent peaux mortes, cellules sanguines et tout corps étranger à la flore du vagin (lactobacilles essentiellement). De même, chez l'homme, un liquide transparent sort du pénis en érection, avant l'éjaculation, afin de nettoyer l'urètre de toute trace d'urine.

La couleur, l'odeur et la densité des pertes vaginales sont significatives de l'état de la flore. Elles sont blanches et épaisses comme du fromage blanc ? Le champignon *candida*, normalement présent, connaît donc une explosion démographique. C'est la candidose, aussi banale qu'irritante. Si les pertes sont abondantes, colorées, entraînant un gonflement et une rougeur de la vulve, le problème est plus difficile à traiter. Cela signifie en effet que l'écosystème microbien du vagin est déséquilibré, que des espèces bactériennes ont « explosé » aux dépens des autres, entraînant une modification du pH, laquelle bouleverse à son tour le fonctionnement de l'écosystème intime. Et voilà pour les vaginoses ! Plus graves, les pertes malodorantes, verdâtres, signalent une infection au *trichomonas*, un parasite transmis par les hommes, qui sont des porteurs sains. Cette vaginite est à traiter rapidement, la petite bête pouvant infecter les voies urinaires.

Il est une autre forme de « perte », excrétée par les parois du vagin, qui se comportent comme un filtre vis-à-vis du sang qui les gorge. Elles retiennent une partie du plasma, qui est ensuite émis vers l'extérieur par le biais de pores. En réponse à l'excitation sexuelle, le flux sanguin artériel augmente dans le vagin. La « transsudation », ce phénomène de filtrage, est intensifiée en conséquence. Et c'est ainsi que le vagin « mouille », afin de faciliter la pénétration. Il est aidé dans cette œuvre par les glandes de Bartholin. Situées sur la partie supérieure de la vulve, près du clitoris, ces glandes sécrètent un liquide, la cyprine, qui humidifie le vestibule (l'espace localisé entre les deux petites lèvres).

Il existe aussi une sorte d'éjaculation féminine. Les glandes de Skene, localisées entre le vagin et l'urètre, émettent en effet un liquide qui, chez certaines femmes, jaillit comme le sperme de l'homme lors de l'éjaculation. Le mythe des « femmes fontaines » trouve là son fondement. Les biologistes se demandent si ces glandes ne sont pas des formes régressées de la prostate, car le liquide émis a une composition semblable à celle du liquide séminal masculin.

À quoi servent les règles ?

Chaque mois, une femme peut, du point de vue physiologique, se préparer à tomber enceinte. L'endomètre, cette muqueuse qui tapisse les parois de l'utérus, s'épaissit dans le but d'accueillir un éventuel ovule fécondé. Si rien n'arrive, l'ovule non fertilisé est éjecté avec une partie de l'endomètre qui se détache en saignant. Les règles apparaissent alors, qui signalent que la fécondation ne s'est pas produite. Durant quatre à huit jours, elles indiquent surtout que la femme est fertile. Les premières règles sont d'ailleurs le signe indubitable que la petite fille est devenue femme.

Dans le monde occidental, ce moment, qui est une sorte de rite de passage psychologique, est à la fois fêté et mal vécu par mères et filles. La petite gifle de cérémonie est sans doute encore beaucoup trop donnée par des mères à leurs filles... Les règles ne sont pas des hémorragies, elles ne sont pas l'œuvre du Malin, elles ne sont pas la preuve de l'impureté des femmes. De telles idées reçues, qui ont tant fait pour considérer la moitié du genre humain comme inférieure à l'autre, sont encore bien trop présentes dans nombre de cultures. Elles demeurent dans l'inconscient collectif sous l'aspect d'une période sale, qu'il faut éviter : les règles sont le moment où une majorité d'hommes délaisseraient affectivement leurs femmes.

Comment cela se traduit-il au sein de l'organisme ? Le cycle ovarien est rythmé par la sécrétion pulsatile, toutes les quatre-vingt-dix minutes environ, de la LH-RH. Cette hormone est émise par l'hypothalamus, une région fondamentale du cerveau. À son tour, l'hypophyse, un organe situé à la base du crâne et relié au cerveau, réagit à la stimulation en émettant elle aussi des hormones : la FSH et la LH. La FSH provoque un grossissement des follicules ovariens, ces cavités qui apparaissent dans les ovaires. Celui des follicules qui répond le plus vite à la stimulation devient dominant sur les autres. À partir du cinquième jour après la fin des règles, il synthétise une hormone sexuelle, l'estradiol, qui va régénérer l'endomètre. Celui-ci va progressivement s'épaissir, passant de 0,5 mm – au terme des menstruations précédentes – à quelque 3 mm. La synthèse d'estradiol a également pour effet de freiner, dans l'hypophyse, la production de FSH et de LH.

Après une dizaine de jours, le contrôle s'inverse : la quantité croissante d'estradiol, parvenue à un pic, chute brutalement, entraînant une hausse très rapide de la FSH et de la LH. Ce cycle aboutit à l'ovulation : le follicule se déchire et libère son ovule. Cette étape se situe alors vers le quatorzième jour du cycle ovarien. Le follicule prend ensuite l'aspect d'un corps jaune, qui fabrique de la progestérone, une hormone mâle, et, en moindre quantité, de l'estradiol. Le taux de FSH et de LH chute brutalement. Après une douzaine de jours d'activité, il « involue » si aucune fécondation n'a eu lieu. Le corps jaune dégénère, il cesse de produire progestérone et estradiol. Cela provoque en retour la nécrose de l'endomètre, qui saigne...

Toutes ces hormones se contrôlent les unes les autres afin que le système ne s'emballe pas. Ainsi, la quantité d'estradiol produite par les follicules est limitée par celle de FSH et de LH. Trop de follicules parviendraient sinon à maturation, et la femme donnerait plus d'un ovule à chaque cycle. Certains évolutionnistes (voir p. 58, 116, 142, 144) voient dans les règles un intérêt plus général : tout ce sang, si visible, aurait incité les hommes à s'adonner à la chasse, afin de ramener de la viande, seule nourriture à même de reconstituer le sang évacué...

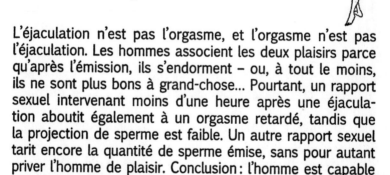

Un homme peut-il avoir un orgasme sans éjaculer ?

L'éjaculation n'est pas l'orgasme, et l'orgasme n'est pas l'éjaculation. Les hommes associent les deux plaisirs parce qu'après l'émission, ils s'endorment – ou, à tout le moins, ils ne sont plus bons à grand-chose... Pourtant, un rapport sexuel intervenant moins d'une heure après une éjaculation aboutit également à un orgasme retardé, tandis que la projection de sperme est faible. Un autre rapport sexuel tarit encore la quantité de sperme émise, sans pour autant priver l'homme de plaisir. Conclusion : l'homme est capable de jouir sans éjaculer.

À l'inverse, il peut tout à fait éjaculer sans prendre du plaisir. C'est d'ailleurs l'une des causes du désordre psychologique affectant les éjaculateurs précoces, qui n'atteignent même pas leur propre plaisir, en plus de ne pas satisfaire leur partenaire.

Ce paradoxe réside dans la nature différente des deux phénomènes. L'éjaculation est un processus neuromusculaire.

Les vésicules séminales expulsent leur liquide dans l'urètre – via le canal éjaculateur – avec une telle pression que la prostate réagit immédiatement en projetant également ses sécrétions. L'ensemble forme le liquide séminal, auquel se joignent les spermatozoïdes, entreposés, après une vingtaine de jours de maturation, dans l'épididyme et les canaux déférents (organes reliés aux testicules). L'expulsion du sperme ainsi créé est commandée par la contraction rythmique des muscles situés à la base du pénis.

L'orgasme est quant à lui un processus neurohormonal, sans doute géré par une zone du cerveau droit. Il se caractérise par une sensation intense de bien-être, due à une libération massive d'hormones, telles que les endorphines, l'ocytocine et la DHEA.

Comment un chirurgien transforme-t-il un homme en femme, ou une femme en homme ?

Fabriquer un pénis afin d'en doter une femme qui se sent homme est chose assez simple. On commence par découper un bout de peau en forme de bouteille sur l'avant-bras. On enroule ensuite le « goulot » sur lui-même pour former l'urètre, puis on enroule la « bouteille » pour constituer la forme du pénis. L'urètre ainsi créé est placé dans le prolongement de l'urètre présent dans l'ex-corps féminin. Le tout est ensuite relié à un bout d'artère, prélevé sur l'artère radiale qui irrigue la main. On coud cette artère pour le solidariser à des vaisseaux de la région de l'aine. Et voilà un pénis, fonctionnel du point de vue urinaire, mais qui n'offre aucune sensation : l'innerver chirurgicalement est une opération complexe rarement couronnée de succès.

Il est une autre façon, plus simple, de créer un pénis par prélèvement de tissus. On découpe un morceau de muscle, qu'on emballe dans une portion de peau (les deux prélevés dans la cuisse). On fixe ensuite le pénis ainsi formé entre les deux aines. Dans ce cas, le phallus n'a d'autre fonction que de marquer physiquement le changement de sexe, l'homme continuant d'uriner comme la femme qu'il est !

Une troisième méthode, la métoidioplastie, se propose de partir de l'existant, soit du clitoris. Pénis et clitoris sont en effet des organes d'origine identique chez l'embryon. Après un traitement du sujet à la testostérone (hormone mâle) durant un an, le clitoris s'allonge jusqu'à 6 cm en moyenne. Il est ensuite incisé afin de le gonfler avec du collagène. Le vagin est refermé, tandis que les grandes lèvres sont transformées en scrotum (le sac des testicules) : sur un plan embryologique, les deux organes sont identiques. L'appareil créé est incapable d'érection, mais, conservant l'innervation du clitoris, il participe au plaisir sexuel. Il ne peut uriner, à moins qu'on ne l'ait muni d'un urètre artificiel. Quelle que soit l'opération, elle est effectuée après une ablation de l'utérus, des trompes, des ovaires et des seins, et une prise massive d'hormones sexuelles masculines.

La transformation d'un homme en femme explore des techniques différentes. Il s'agit d'« inverser » le pénis en vagin et clitoris. Vidé de ses corps caverneux, le pénis est coupé, retourné comme un gant, puis implanté dans une fente. Le gland sert ensuite de clitoris. Des petites lèvres sont créées. Si les terminaisons nerveuses ont pu être maintenues en état, le vagin et le clitoris formés seront sensibles. L'ex-homme urinera comme une femme.

Très lourdes, les opérations chirurgicales de changement de sexe ne sont pas toujours, loin s'en faut, couronnées de succès. Leur réussite est étroitement corrélée au talent du chirurgien. En tout état de cause, elles sont l'aboutissement d'un long processus s'étalant sur plusieurs années.

En France, comme dans nombre de pays, ce processus n'est enclenché qu'avec l'aval d'un psychologue qui, sur la base d'entretiens d'une durée de un à deux ans avec le sujet, aura jugé de la nécessité d'une opération. Il démarre techniquement par l'ablation des organes « anciens ». Conjointement, la prise de médicaments neutralise les hormones sexuelles. Enfin, le traitement se poursuit par la prise des hormones antagonistes, qui vont progressivement masculiniser la femme qui veut devenir homme, ou féminiser l'homme qui veut devenir femme.

Une femme devenue homme a-t-elle des érections ?

Une femme devenue homme possède un pénis qui peut servir à évacuer l'urine et offre éventuellement des sensations profondes. Toutefois, ce membre apposé est incapable d'érection. En effet, la verge n'est pas un muscle, contrairement à une idée reçue encore bien ancrée. C'est en pratique une véritable éponge qui se gorge de sang sous l'emprise du désir sexuel. Le pénis est formé de trois réservoirs, que sont le tissu spongieux (gland et manchon dans lequel est inséré l'urètre, sur la face inférieure du sexe) et deux corps caverneux (deux cylindres accolés sur le dos de la verge). L'érection apparaît lorsque ces tissus se gorgent de sang (voir p. 65, 74, 77, 79, 197).

Toutefois, des artifices peuvent permettre, au cas par cas, de provoquer une turgescence chez les femmes opérées. La pose d'une prothèse malléable (semi-rigide) est aujourd'hui une solution moins préconisée, car elle est assez inconfortable, le pénis étant toujours en semi-érection. Les prothèses gonflables sont plus efficaces, mais elles nécessitent une intervention chirurgicale lourde lors de la fabrication du pénis. Il faut en effet placer un réservoir à liquide physiologique dans la musculature de l'abdomen, relié à une pompe disposée dans l'une des deux bourses créées à partir des grandes lèvres. En actionnant la pompe, l'intéressé envoie du liquide dans deux cylindres souples placés dans le pénis. Reproduisant la mécanique des corps caverneux, les cylindres se gonflent et provoquent la rigidification de la verge.

Un grand pénis fait-il un grand amant ?

Ce fantasme est lié au seul acte de la pénétration : un gros pénis, impressionnant visuellement, donne à penser qu'il sera également plus performant au cours de l'acte sexuel, et que l'homme qui en est doté est donc plus viril. Les adolescents se jaugent ainsi, dans les vestiaires et sous la douche.

En pratique, le bénéfice d'un grand ou d'un gros pénis est négligeable. C'est tout au plus un avantage psychologique car, s'agissant des rapports hétérosexuels, le plaisir féminin repose avant tout sur l'excitation du clitoris, sans compter que la longueur maximale d'un vagin excité est de 12 cm. En outre, le fameux point G, cet hypothétique centre de l'orgasme féminin, se situerait à 4 ou 6 cm de l'entrée du vagin, sur sa face ventrale. Enfin, la musculature très élastique du vagin lui permet, à de rares exceptions près, d'englober le pénis quelle que soit sa taille, et elle peut être corrigée moyennant une simple rééducation.

La sexualité n'est pas qu'une affaire de pénétration. Un gros pénis de grand diamètre peut aussi rendre les rapports douloureux pour la femme. Dans le cas des relations anales, le problème posé par un grand ou un gros pénis est justement celui de la très faible élasticité des muscles du rectum. Certes, la grande innervation de l'anus permet le plaisir, mais l'absence de plasticité du rectum et des sphincters transforme les gros phallus en sources de douleur.

La taille du pénis est-elle liée à celle du nez ou du majeur?

Tâter le nez d'un possible amant pour deviner la taille de son pénis est une pratique ridicule. Mesdames, il vous faut plutôt regarder ses mains! En effet, les mêmes gènes qui commandent le développement de l'appareil génital externe de l'homme mettent en place les doigts.

L'affaire est très complexe. Il est un moment crucial du développement embryonnaire, au tout début, où des gènes particuliers définissent le plan général du futur organisme. Ce sont les gènes homéotiques, ou gènes « hox ». Chacun d'eux contrôle une partie (segment) du corps. Présents chez tous les animaux, du plus humble au plus complexe, ces chefs de chantier commandent à tous les autres gènes. Ils fonctionnent en complexes.

Les mammifères possèdent quatre complexes génétiques, dénommés Hox A, Hox B, Hox C et Hox D. Chaque complexe est composé de treize gènes. À l'intérieur, chaque gène homéotique fabrique une protéine qui se répartit le long de l'embryon, selon un gradient particulier. Ainsi, chaque partie de l'embryon baigne dans un environnement composé des mêmes protéines, mais à des concentrations relatives différentes. C'est ce bain particulier qui détermine ensuite le fonctionnement des autres gènes.

Depuis quelques années, nous savons que les gènes Hox A 13 et Hox D 13 sont responsables à la fois du plan d'édification des doigts et de l'appareil génital externe. Des expériences de laboratoire menées sur des souris ont permis de conclure dans ce sens. En induisant une mutation du premier gène, on a constaté des malformations portant à la fois sur les doigts et sur l'utérus. Une mutation du second gène aboutit quant à elle à une réduction de la taille tant du pénis que des doigts, autrement dit à une diminution proportionnelle. Bref, la taille du phallus est bel ete bien en rapport avec celle des doigts !

Les Africains ont-ils véritablement un pénis plus grand que les Européens ?

Cette allégation est héritée du temps des colonies. Forgée pour nourrir la thèse de l'existence de différences anatomiques, physiologiques et psychiques entre les races, elle n'est basée sur rien de concret. Certes, des études, de par le monde, ont prétendu montrer que la taille moyenne du pénis africain est supérieure de 1 à 2 cm à celle d'un pénis « caucasien » (blanc), et de 2 à 3 cm à celle d'un sexe asiatique masculin, mais ces travaux, peu rigoureux, ne sont pas considérés comme scientifiques par le monde médical. La mise en vente, en Afrique du Sud, de préservatifs de très grande taille ne repose pas non plus sur une étude scientifique sérieuse, mais sur une demande plus forte qu'ailleurs pour ces produits hors norme.

Le pénis d'un homme mesure en moyenne de 7,5 à 11,5 cm de long au repos (à peu près autant en circonférence), et de 10 à 20 cm en érection maximale (de 8,5 à 12 cm de périmètre). La face dorsale est plus courte de 2 cm environ que la face ventrale, qui se prolonge par le périnée. Les acteurs de films pornographiques dépassent les 24 cm, taille reconnue comme « visuelle » par les réalisateurs. Le record revient à John Holmes, dont le sexe atteignait les 32 cm en érection. En dessous de 8 cm « en action », la médecine parle de « micropénis ».

La légende du gros pénis des Africains est peut-être née de la vision de tribus d'hommes noirs, affichant une nudité choquante pour les hommes blancs du XIXe siècle. D'autant que ces individus, souvent jeunes, imberbes et musclés, transpiraient une virilité gênante, que venait corroborer parfois une sexualité vécue sans complexes. Il fallait bien compenser et, pour les Blancs forts de l'avancée de leur civilisation, tous ces caractères devaient forcément signifier que les Noirs étaient différents, parce qu'ils étaient naturels et, en cela, plus proches des animaux.

La forme du vagin est-elle identique d'une femme à l'autre ?

Le vagin présente peu de variations selon les femmes. Sa longueur est en moyenne de 7,5 à 10 cm (+ 30 à 50 % au cours du rapport sexuel). La forme est la même : un tube plat, perpendiculaire à l'utérus, qui est penché vers l'arrière (le dos), depuis le bas (la vulve) vers le haut (l'utérus). Le vagin n'est sensible au toucher qu'au niveau de la vulve et dans le premier tiers de sa longueur. Bien heureusement ! Sinon, aucun bébé ne pourrait s'y engager lors de l'accouchement. Leur mère souffrirait le martyre.

Cette protection anatomique l'indique clairement, le plaisir féminin n'est pas localisé dans le vagin, mais à son entrée, particulièrement au niveau du clitoris. La forte musculature de l'organe lui confère une élasticité exceptionnelle qui facilite l'accouchement. Capable de se déformer au passage du corps du nouveau-né, le vagin peut en fait enserrer à peu près tout ce que l'on y insère, jusqu'à une certaine taille. Cette grande élasticité explique également qu'au repos le vagin soit quasi fermé, afin de limiter les infections. La vascularisation importante des parois internes du vagin en fait un « vecteur » idéal pour l'administration de médicaments, présentés sous forme « d'ovules » (équivalents des suppositoires).

Le cerveau

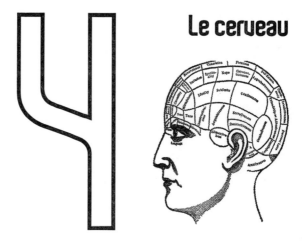

Pourquoi voit-on des étoiles lorsqu'on se lève brusquement? *La mémoire est-elle uniquement portée par des molécules?* Quand on rêve, que se passe-t-il dans le cerveau? *Les téléphones portables sont-ils dangereux pour le cerveau?* Peut-on survivre à un coup de hache sur la tête? *Commence-t-on vraiment à perdre des neurones à partir de 20 ans?* La bosse des maths existe-t-elle? *Qu'est-ce qui distingue le cerveau d'un homme de celui d'une femme?* Peut-on rêver en couleurs? *Pourquoi s'évanouit-on?* Les maladies neurodégénératives sont-elles transmises par les gènes? *Est-il vrai que l'on combat l'insomnie en se levant?* Pourquoi le sommeil est-il cyclique? *Un somnambule n'a-t-il vraiment aucun souvenir de sa période d'éveil?* Un groupe de personnes peut-il avoir des hallucinations collectives?

Pourquoi voit-on des étoiles lorsqu'on se lève brusquement ?

Quelle que soit notre posture, l'ensemble de nos organes doit être irrigué par le sang artériel. C'est là le travail du cœur, qui s'adapte en modifiant la pression du sang dans les vaisseaux. Lorsque nous sommes allongés, son travail est minimal, puisqu'il n'a plus à lutter contre la pesanteur. Les organes, tous au même niveau, sont alimentés sous une pression minimale (si mal nommée « tension »).

À l'inverse, quand nous sommes debout, le travail du cœur s'intensifie : il doit pulser le sang vers le haut afin d'irriguer le cerveau, qui ne peut rester plus de dix minutes sans oxygène. La différence de hauteur, de 30 à 40 cm, entre cœur et cerveau n'est certes pas très importante, mais elle impose, pour être surmontée, une augmentation de la pression de l'ordre de 0,03 à 0,04 atmosphère. Or, cette surpression minime fait défaut lorsqu'on passe brutalement de la position allongée à la station debout. Le cœur, quelque peu assoupi, ne peut pas réagir immédiatement à la sollicitation. Le temps qu'il ajuste la pression, le sang vient à manquer au cerveau, d'autant que le sang qui se trouvait dans le crâne quand le corps était à l'horizontale commence à redescendre sous l'effet de la gravité.

Curieusement appelée « hypertension posturale » (en fait, une hyperpression retardée), cette situation entraîne un début d'évanouissement. Sentant que l'oxygène va lui faire défaut, le cerveau menace de se désolidariser du mouvement afin de s'économiser. D'où ces petites étoiles, manifestations d'une activité neuronale bouleversée, laquelle peut se traduire par une poussée migraineuse. Le remède ? Retourner se coucher... et se relever tout en douceur.

La mémoire est-elle uniquement portée par des molécules ?

L'idée est plaisante, car on aimerait bien percer ce processus incroyablement complexe qu'est la mémoire. Celle-ci serait moléculaire, les comportements seraient fixés génétiquement, et voici l'homme soudainement réduit à une machine prévisible ! Il y a manifestement des molécules particulières qui interviennent dans le phénomène de la mémorisation, mais cela ne signifie pas que ces molécules font la mémoire, ni que les contrôler permettrait de tout savoir sur la mémoire.

On a pu montrer, par des manipulations en laboratoire sur des invertébrés peu complexes, que des individus éduqués à répondre à certains stimuli transmettaient, via des extraits de leur cerveau, leur réponse comportementale à d'autres, qui n'avaient pas été éduqués. L'idée a donc germé que le cerveau fabriquait des molécules, ou des formes de molécules, afin d'enregistrer la réponse qu'il donnait à un stress. Ces molécules, ou formes de molécules, devraient pouvoir être identifiées, isolées, puis injectées.

Hélas, ces expériences n'ont pu être reproduites que sur des groupes d'invertébrés particulièrement frustes du point de vue neurologique. La transmission effective de la mémoire par l'injection d'un extrait de cerveau ne prouve pas pour autant que le support de cette mémoire soit moléculaire. Cette démonstration n'est établie que faute de pouvoir envisager un autre support.

Toutefois, en 2005, une équipe américaine est parvenue à effacer les « souvenirs » de drosophiles (des mouches, invertébrés complexes) en modifiant une molécule justement suspectée d'entretenir la mémoire. Cette molécule est la protéine kinase M zêta, une forme particulière de la protéine kinase M. Dans le cerveau, singulièrement dans l'hippocampe (aire primordiale dans la mémorisation), la « zêta » aurait un rôle important dans la « gestion » des neurotransmetteurs échangés entre synapses. Ces derniers relient les neurones entre eux. Ce serait justement cette fonction qui expliquerait le rôle majeur de la molécule dans la mémorisation à long terme. Et, à l'inverse, son inactivation ou sa destruction serait l'un des éléments déclencheurs de la maladie d'Alzheimer.

La même année, une équipe de chercheurs canadiens a peut-être mis le doigt sur la base génétique du processus de mémorisation. Une protéine, dénommée GCN2, jouerait le rôle d'inhibiteur des gènes impliqués dans la mémoire. Les souris transgéniques privées de la capacité de synthétiser cette protéine ont montré de grandes capacités de mémorisation... tant que leur exercice demeurait léger. Intensif, celui-ci aboutissait, chez les souris transgéniques, à des résultats de mémorisation plus faibles que chez les souris normales. Autrement dit, la mémoire reposerait à la fois sur un facteur génétique et sur une capacité d'apprentissage propre à chaque individu.

Reste que la topographie de l'encéphale est bien complexe et qu'il existe autant de mémoires que de zones du cerveau. La mémoire des mots et des symboles est localisée dans le néocortex, celle du travail, dans le thalamus et le cortex préfrontal, la mémoire récente est située dans l'hippocampe, celle des événements nouveaux dans le cortex périrhinal (voir p. 204)...

Les poilus blessés au crâne se souvenaient parfaitement de la Grande Guerre, mais savaient rarement où ils venaient de poser leur casquette. La mémoire, les mémoires sont donc aussi une affaire de connexions et de partage entre les aires du cerveau. Et il faut bien reconnaître que nous sommes loin d'avoir fait le tour de la question...

Quand on rêve, que se passe-t-il dans le cerveau ?

Il se passe la même chose que lorsqu'on est éveillé, à la différence près... que l'on dort ! Que l'on soit en train de lire ou de rêver, l'encéphalogramme est en effet presque identique, ce qui est troublant car, si l'activité neuronale est la même, alors pourquoi dort-on ? Pourquoi, lorsqu'on rêve de course à pied, ne court-on pas ? Tout simplement parce que le sommeil sert précisément à récupérer ! Cette évidence cache pourtant une réalité particulièrement énervante pour le monde scientifique : qu'est-ce qui empêche que « l'orage cérébral » propre au rêve se propage à tout le corps ? Lors d'un rêve, en effet, seuls les yeux bougent, ou presque. Pourquoi, au juste, en est-il ainsi ?

Des expériences de laboratoire, menées notamment sur le chat, ont permis de lever un coin du voile. Elles ont mis en évidence le rôle primordial joué par le sommet de la moelle épinière, cette partie renflée attachée au bas du cerveau. On y a identifié deux centres nerveux antagoniques. Le premier est composé du noyau dorsal du raphé et du *locus cœruleus*. Le second, dénommé « tegmentum pontique », est le siège du « système excitatif ». Son rôle est de réprimer le « système permissif », localisé dans deux petites régions de ce même tegmentum : le *cœruleus* et le *locus subcœruleus*.

Que se passe-t-il dans cet endroit caché de l'encéphale ? En éveil, le système excitatif est inactif. L'autre est donc activé : le courant passe entre le cerveau et les organes. À l'inverse, après l'endormissement, l'hypothalamus et certains neurones de la moelle épinière lèvent leur contrôle sur le système excitatif. Cela bloque en conséquence l'activité du système permissif. L'intense dynamisme neuronal du cerveau en phase de « sommeil paradoxal » – le nom scientifique du rêve – ne peut alors être véhiculé jusqu'aux nerfs moteurs. Seuls sont sollicités ceux reliés aux yeux, aux muscles respiratoires, au système vestibulaire (oreille interne) et aux organes sexuels externes (pénis et vagin).

Non sans humour, on a baptisé « SP-OFF » les neurones permissifs, et « SP-ON » ceux de la zone excitative. Chez le chat, la destruction des premiers entraîne des réactions étonnantes : tout en continuant de rêver, le chat court après les souris qu'il imagine, se met en boule pour se défendre contre un ennemi inexistant, se dirige en bondissant vers sa gamelle, sans jamais pourtant réagir à des sollicitations visuelles ou auditives. Il dort, mais en étant tout à ses rêves durant quelques minutes. Il se réveille après chaque rêve intense, puis se rendort.

Ainsi, quand on rêve, des zones du cerveau s'affrontent à coups de neurotransmetteurs. En revanche, on ignore pourquoi l'on perçoit des images en rêve... Même si on semble s'approcher d'un début de réponse : des patients au crâne bardé d'électrodes, plongés en plein rêve, ont révélé une activité particulière dans des zones de leur cortex dévolues à certaines tâches, dont, justement, ces sujets ont ensuite déclaré avoir rêvé. Chez ceux qui s'étaient vus portant une valise, par exemple, c'est la zone du cerveau impliquée dans la préhension qui avait été activée...

Les téléphones portables sont-ils dangereux pour le cerveau ?

Comme pour l'ensemble des pollutions auxquelles notre organisme est confronté, le danger potentiel est loin d'être négligeable, mais le risque encouru est faible à court terme. À long terme, en revanche – et pour cause –, aucune évaluation n'est encore possible. Ce critère de dangerosité est attesté en laboratoire sur des cultures cellulaires ou des animaux tels que le rat. On déduit le risque afférent par l'hypothèse que ce que l'on consigne en laboratoire se traduise probablement dans notre corps. Entre alors en jeu l'état de santé de chacun : système immunitaire, fonctionnement de la machinerie de réparation de l'ADN et mode de vie. C'est ce dernier qui définit prioritairement l'exposition de chacun aux agressions. Selon qu'on utilise beaucoup ou peu un téléphone portable, que l'on vit plus ou moins loin d'une antenne-relais, le risque n'est pas du tout le même.

Nombre d'études se sont penchées sur la dangerosité des ondes transmises par les téléphones portables. Des effets néfastes ont été constatés, mais pas dans des proportions statistiquement significatives. On n'a donc pas établi de preuve formelle de dangerosité, mais un faisceau de présomptions existe bel et bien, lequel ne pourra être affiné qu'au fil du temps. Le portable s'est généralisé trop récemment pour que les études épidémiologiques, qui doivent être éprouvées au moins sur une génération, puissent établir des liens avérés entre pathologies et pollutions.

Ces expériences ont établi que les ondes des portables lèsent l'ADN des cellules cibles. En soi, ce n'est là rien de bien grave, si le temps imparti au système de réparation de l'ADN, assez efficace, est préservé. En revanche, si cette latence n'est pas respectée, les lésions provoquées par les ondes peuvent perdurer, et s'additionner. Or, plus les chromosomes accumulent des lésions, moins le programme informatique des cellules va fonctionner correctement. Le danger est que les cellules, lorsqu'elles se divisent, enclenchent un mouvement irréversible. Cela porte un nom : cancer.

D'autres effets, plus ou moins en rapport avec les précédents, ont été remarqués, ayant trait à la communication entre les cellules, la synthèse de certaines protéines et le contrôle par des enzymes de fonctions cellulaires particulières. Mais, d'une culture cellulaire à l'homme, il y a tout de même un grand pas que les chercheurs se refusent de franchir.

Toutefois, des investigations menées sur des utilisateurs patentés de portables ont suggéré des effets sur la libération de certains neurotransmetteurs, responsables des migraines ou des baisses d'attention auxquelles sont sujettes ces personnes. La forte occurrence, chez d'autres utilisateurs, de quelques affections cérébrales serait due à une baisse de l'étanchéité de la barrière hémato-encéphalique, qui débarrasse le sang alimentant le cerveau de la plupart des virus et bactéries. Enfin, le stress mentionné par beaucoup de grands utilisateurs de portables serait à mettre sur le compte d'un surcroît de synthèse d'hormones de stress et d'une réduction concomitante de mélatonine, une hormone impliquée notamment dans le contrôle général du système hormonal.

En revanche, contrairement aux idées reçues, l'effet thermique des ondes électromagnétiques serait assez léger : certes, les téléphones portables envoient des micro-ondes, mais à des intensités si faibles qu'elles ne risquent pas de cuire le cerveau ! Pour autant, le « cône » des ondes peut générer une chaleur suffisante pour déclencher une tumeur bénigne de l'oreille : le neurinome du nerf auditif.

Qu'en est-il vraiment des risques présentés par les GSM, Dect, WiFi, UMTS et autre GPRS pulsant leurs ondes à haute fréquence ? A priori, ils sont faibles. Mais tout est fonction de l'âge de l'utilisateur et de l'usage qui est fait de son portable. Ainsi, les enfants de moins de 15 ans sont les plus exposés car leurs divers systèmes de protection ne sont pas encore achevés, et leurs cellules, très sollicitées par la croissance, sont plus vulnérables. Les embryons le sont aussi car ils sont encore plus fragiles, d'autant que le liquide amniotique agit comme un amplificateur d'ondes.

En usage quotidien, on peut limiter son exposition aux ondes en éloignant le portable de l'oreille, physiquement (kit mains libres) et dans le temps : pas plus de 2 à 3 minutes par appel, avec un intervalle d'une heure entre chaque. Pas d'appels non plus dans les bâtiments métalliques, sous des poutres métalliques et dans des voitures, le métal renvoyant les ondes. Enfin, il faut éviter de se déplacer en parlant, puisque le téléphone augmente alors sa puissance d'émission, donc son rayonnement, y compris lorsque la réception diminue.

Derniers conseils : ne dormez pas à côté de votre portable allumé – même en veille, il émet des ondes – et achetez un portable dont la notice indique un « DAS » (Débit d'absorption spécifique) inférieur à 0,7 W/kg.

S'agissant des antennes-relais, le principe de précaution devrait imposer de ne pas être exposé quotidiennement à plus de 1,9 V/m (ou 0,001 W/m^2). Une valeur rarement respectée lorsqu'on habite près d'une antenne-relais. Celle-ci « arrose » en effet de tous les côtés, à partir du périmètre qu'elle occupe. On est donc exposé dans un rayon de 100 mètres. De plus, en ville, les faisceaux de différentes antennes se croisent, ce qui multiplie leurs risques potentiels pour notre santé.

Peut-on survivre à un coup de hache sur la tête ?

Oui ! Pour la médecine, un coup de hache provoque un traumatisme crânien. Pas banal, certes : outre les lésions de la peau, le choc entraîne une rupture de la calotte crânienne, avec pénétration dans le crâne de ces fragments appelés les embarrures. Si la hache n'a fait que cela, la victime peut s'estimer heureuse. Pire aurait été en effet que l'outil restât coincé, car des lésions du cerveau et des infections galopantes seraient à craindre. Or, si la chirurgie sait refermer une calotte crânienne, elle ne peut pas réparer les réseaux de neurones déchirés. Par ailleurs, les septicémies sont rarement traitées efficacement dans l'urgence.

Il existe bien des types de blessures portées au crâne : coups de hache, de couteau, éclats d'obus, profonds et larges. Au Japon, certains yakuzas pratiquent aussi le coup de baguette... de restaurant pour toucher mortellement leurs adversaires. De telles blessures sont banales en chirurgie de guerre. La victime peut tout à fait rester consciente, tout dépend des zones du cerveau touchées. Qui plus est, elle peut ne ressentir aucune souffrance, ce qui étonne les jeunes chirurgiens militaires : c'est que le cerveau ne possède pas, fort heureusement, de terminaisons nerveuses.

Dans le cas d'un coup de hache, le premier risque pour la victime est de succomber rapidement à une infection, les haches étant rarement désinfectées avant usage ! Si le liquide céphalorachidien s'est échappé par la plaie, le crâne n'est donc plus protégé. Il faut immédiatement faire les vaccins appropriés. Le LCR baigne tout le cerveau, constituant une sorte de barrière immunitaire. Après nettoyage de la plaie, extraction d'éventuels morceaux de ferraille et bouts d'os, il s'agit de redresser les os enfoncés par la hache qui tiennent encore à la calotte. Puis il convient de tenter de refermer la dure-mère, ce tissu qui tapisse la paroi interne du crâne et contient le liquide céphalorachidien. Enfin, il faut ressouder les os, et panser avec soin afin d'éviter toute suppuration. Le malade est bien sûr placé sous veille médicale. Ce n'est qu'après le parement de la plaie que l'on pourra cartographier les lésions au cerveau et émettre un diagnostic vital.

Commence-t-on vraiment à perdre des neurones à partir de l'âge de 20 ans ?

Les légendes ont la vie dure. Non, ce n'est pas à partir de l'âge de 20 ans que l'on commence à perdre la tête (pardon, ses neurones !) : c'est pratiquement dès la naissance ! De nos cent et quelques milliards de neurones génétiquement hérités, de 10 000 à 50 000 disparaissent chaque jour. Pourtant, nous ne devenons pas plus bêtes au fil des ans. Tout juste perd-on un peu la mémoire avec l'âge, mais la mémoire n'est pas qu'une affaire de quantité de neurones (voir p. 43, 88, 97, 163).

En réalité, les neurones ne représentent rien en eux-mêmes : tout réside dans leurs connexions. Ce qui est important pour le cerveau n'est pas tant d'être constitué de neurones mais de réseaux de neurones. La perte de neurones n'est pas un drame si les connexions entre les neurones « restants », demeurent tout de même très nombreux ! Quand, sur un réseau informatique, des ordinateurs flanchent, l'information continue de circuler sur des réseaux parallèles établis entre les machines toujours en fonctionnement. La redondance des connexions, voilà la clé de la bonne santé du cerveau qui, si des raccords lui manquent, a la capacité d'en créer de nouveaux, à tout âge de la vie.

Comme une découverte récente l'atteste, le cerveau est un organe plastique. Il comble les « trous » occasionnés chaque jour par la disparition de ses neurones, mais aussi, et c'est le plus fascinant, pour s'adapter aux sollicitations. Les besoins de la mémoire, l'adaptation à des tâches inexplorées, l'apprentissage, la lutte contre une pathologie incitent le cerveau à créer de nouvelles connexions. Voilà pourquoi la gymnastique de l'esprit est une prévention essentielle contre les pertes de mémoire et un moyen d'éloigner le déclenchement de maladies neurodégénératives. Si l'on ne naît pas forcément bête, une chose est sûre en revanche : on le devient en ne faisant jamais fonctionner son cerveau !

Enfin, le compte de neurones n'est pas clos à la naissance. Dans certaines régions du cerveau, l'hippocampe et le bulbe olfactif notamment, des neurones au stade fœtal sont capables de régénérer de nouveaux neurones.

La bosse des maths existe-t-elle ?

Cette question est issue des travaux de Franz Josef Gall (1758-1828), fondateur de la phrénologie : « *L'art de reconnaître les instincts, les penchants, les talents et les dispositions morales et intellectuelles des hommes et des animaux par la configuration de leur cerveau et de leur tête.* » Cette pseudo-science prétendait en effet que la forme du crâne était en relation intime avec l'intelligence et les comportements de chacun. Une bosse sur le front était ainsi l'élément patant de l'aptitude aux mathématiques. De même, la violence était prouvée par une autre déformation du crâne. Gall identifia de la sorte trente-sept « organes » ou protubérances – les «bosses» –, chacune étant associée à un trait de caractère, qu'il se faisait fort de repérer moyennant une simple palpation. On voit ainsi que la théorie de la prédétermination des comportements et des aptitudes ne date pas de la génétique!

Qu'en est-il exactement? Il semble que la capacité à dénombrer, à faire des comparaisons entre des quantités soit propre à l'être humain, et peut-être aussi aux grands singes. Dès leur septième mois, par exemple, les bébés de toute culture sont capables d'associer les visages et leurs voix. En revanche, la manipulation de nombres et la résolution d'opérations abstraites seraient fonction de la culture de chaque peuple. La bosse des maths relèverait donc à la fois de l'inné et, surtout, de l'acquis.

Dans chaque culture, certains individus se distinguent de la moyenne. Sont-ils génétiquement programmés pour comprendre l'incompréhensible, pour naviguer avec facilité dans le monde purement théorique des maths? Absolument pas. On n'hérite pas d'une intelligence. Pas plus qu'elle n'est monolithique : il existe des « intelligences », des façons différentes d'appréhender le monde afin de le mettre en équation et d'imaginer ses fonctions cachées, en le conceptualisant.

Ces intelligences (ou dons) n'apparaîtront pas si elles ne sont pas repérées et sollicitées dès l'enfance. Un enfant qui a des capacités à extrapoler n'en saura rien s'il est privé d'un environnement familial favorable, ou si le mode d'apprentissage de l'école est trop différent du sien. Un don doit être repéré tôt. Il ne doit pas rester caché, voire devenir un handicap au sein de la société.

Une intéressante observation scientifique a pu être menée sur l'exercice du calcul, grâce à Rudiger Gramm. Ce prodige des maths a en effet accepté d'être observé par des chercheurs au moyen d'un scanner à tomographie d'émission par positions (PET-scan). On s'est alors aperçu que, contrairement à tout un chacun, lorsqu'il calcule, Rudiger Gramm, non content de solliciter les zones du cerveau dévolues à la mémoire immédiate, fait aussi appel aux zones responsables de la mémoire à long terme. Sans doute stocke-t-il ainsi, sans le savoir, les résultats intermédiaires des opérations complexes qu'on lui demande d'effectuer. Rudiger Gramm avoua tout de même qu'il s'entraînait quotidiennement depuis ses 20 ans, âge auquel il découvrit son don. Tout comme pour la mémoire, en matière d'intelligence, l'apprentissage compte donc plus que les aptitudes...

Qu'est-ce qui distingue le cerveau d'un homme de celui d'une femme ?

Hormis quelques variations dans les taux d'hormones, le cerveau d'un homme n'est pas plus différent de celui d'une femme que ne l'est son foie ou son bras ! Des études estiment toutefois qu'il serait légèrement plus gros, voire renfermerait 16 % environ de neurones supplémentaires. Mais les capacités du cerveau sont surtout liées au nombre de connexions entre les neurones (voir p. 94).

D'autres travaux se sont intéressés au fonctionnement du cerveau des hommes et des femmes lors d'exercices de langage. Manifestement, les « mâles » sollicitent plutôt leur hémisphère gauche, tandis que les « femelles » font intervenir les deux côtés du cerveau. Ce résultat peut être interprété dans tous les sens : est-ce une preuve d'intelligence que de n'avoir à utiliser qu'une seule moitié de l'encéphale pour réfléchir, ou bien, au contraire, est-ce la démonstration que les hommes n'ont pas la capacité de profiter de la totalité de leur cerveau comme les femmes ? Si réponse il y a, elle se loge dans les idées reçues de chacun...

En revanche, on a confirmé en laboratoire l'assertion selon laquelle « les femmes ne savent pas lire de cartes routières ». Il semblerait en effet que le taux de testo-stérone, plus élevé chez les hommes que chez les femmes (c'est, il est vrai, une hormone masculinisante !), favorise le développement du cerveau droit, lequel est fortement impliqué dans le sens de l'orientation. Ainsi, dans un labyrinthe, les hommes trouveront la sortie plus rapidement que les femmes, et l'indiqueront, du centre du labyrinthe, avec une marge d'erreur plus faible.

Mais cet écart reposerait aussi sur une représentation différente de l'espace. Les hommes seraient plus aptes à la représentation tridimensionnelle, tandis que les femmes solliciteraient plutôt une représentation en plan, avec points de repère. Mais, la plasticité du cerveau permettant à tout un chacun de combler ses « lacunes » par l'apprentissage (voir p. 94), on en conclut que, si les femmes ne savent pas lire les cartes routières, c'est sans doute qu'elles n'en ont jamais eu assez entre les mains ! En revanche, leurs meilleures capacités dans le maniement du langage et dans la pratique de la lecture sont peut-être dues à un taux d'œstrogènes supérieur à celui des hommes.

Peut-on dire pour autant que les hormones sexuelles masculinisent ou féminisent nos cerveaux ? Des chercheurs le pensent, arguant que le cerveau des hommes a plus de matière blanche que celui des femmes. Or, la matière blanche, constituée d'axones, ces longs filets nerveux reliant entre eux les différentes zones du cerveau, serait directement impliquée dans la représentation spatiale. À l'inverse, chez les femmes, le surcroît de matière grise, constituée des neurones et des dendrites qui les réunissent, favoriserait l'analyse combinatoire impliquée dans le langage et la lecture.

Peut-on rêver en couleurs ?

Certains d'entre nous assurent rêver en couleurs, d'autres en noir et blanc. Ou en gris. Ou en couleurs un jour, en noir et blanc le lendemain. Rêve-t-on en couleurs ou en noir et blanc ? Nul ne le sait ! Et comment le saurait-on ? L'exploration du cerveau se limite à l'enregistrement de son activité électrique. En laboratoire, scanners, IRM et électroencéphalogrammes repèrent le début du sommeil paradoxal (le rêve) et suivent sa progression, mais ces appareils ne peuvent pas représenter graphiquement le rêve. Les neurologues qui se penchent sur la question de la « chromie » du rêve en sont donc réduits à faire confiance à la mémoire des sujets qu'ils étudient. Or, la mémoire des rêves n'est pas des plus sûres : pour preuve, certains disent même ne jamais se souvenir de leurs rêves...

La seule façon de vérifier un tant soit peu si l'on rêve en couleurs, c'est donc de savoir, au moins, si l'on mémorise les couleurs. Le procédé est assez simple. Après avoir présenté à des hommes et des femmes des photos de sujets identiques, l'une en couleurs, l'autre en noir et blanc, on leur demande de les décrire une à une par quelques mots, en n'employant aucun adjectif... coloré. Le drap photographié ne doit pas être rouge ou noir, par exemple, mais une simple représentation de l'objet « drap ». Les descriptions sont enregistrées, puis, après un laps de temps, sont réécoutées par ceux et celles qui les ont faites. À partir de ces descriptions, on leur demande alors de retrouver les images concernées et de dire si celles-ci étaient en couleurs, ou en noir et blanc. Or, dans la plupart des cas, hommes et femmes confondus mettent plus souvent de la couleur à des images en noir et blanc qu'ils ne font l'inverse. Nous aurions donc tendance à colorer nos souvenirs! Mais pourquoi? Cette colorisation de nos souvenirs faciliterait l'acte de mémorisation, en leur donnant plus de « matière ». Pour les psychologues, toutefois, les couleurs reflètent plutôt l'état d'esprit de chacun : plus le ton général est sombre, plus l'âme l'est aussi...

Pourquoi s'évanouit-on?

Prenez garde, si vous bâillez, avez des nausées, si vous transpirez, si votre respiration s'accélère soudainement, que votre cœur se met à battre plus vite et que vous voyez, dans une glace, vos pupilles se dilater : dirigez-vous alors prestement vers un fauteuil car vous allez vous évanouir! Quand vous reviendrez à vous, vous aurez sans doute mal à la tête et n'aurez qu'une envie, celle de vous allonger. Et vous vous interrogerez sur la raison de cette syncope.

Les médecins définissent l'évanouissement comme une brusque « anoxie cérébrale ». Autrement dit, le taux d'oxygène baisse soudainement dans le cerveau. Quelle en est la raison? La circulation sanguine dans le cerveau diminue tout d'un coup, et c'est le cœur qui en est la cause. Or, celui-ci est commandé par deux nerfs antagonistes. L'un, le nerf vague, ou pneumogastrique, ou encore nerf X, a pour fonction de ralentir le cœur. L'autre, le nerf sympathique, fait exactement l'inverse. Si le cœur ralentit trop par rapport à ce qui est physiologiquement acceptable, le nerf vague est inhibé, alors que son pendant est activé. Si le cœur s'emballe, en revanche, c'est le nerf vague qui est activé, tandis que l'autre est réprimé. La tension sanguine est donc réglée par un équilibre entre deux types de nerfs antagonistes, constitutifs du système nerveux végétatif, et reliés à des régions différentes de la moelle épinière.

Lors de la syncope classique, banale, appelée aussi malaise vagal, l'équilibre est rompu dans le sens d'une répression du nerf sympathique. Non seulement la tension chute immédiatement (le nerf sympathique est inhibé), mais les battements du cœur sont ralentis (le nerf vague est activé).

L'évanouissement peut aussi provenir du mauvais fonctionnement du sinus carotidien ou d'une pression inhabituelle exercée sur lui, aussi incidemment, par exemple, que dans ce terrifiant « jeu du foulard » que certains enfants se sont plu à inventer.

Le sang est acheminé vers le cerveau par l'artère carotide. Celle-ci se divise en deux branches, les carotides interne et externe, puis en de multiples vaisseaux de plus petit gabarit. Or, au niveau du sinus carotidien – situé sur le glomus carotidien, portion enflée de l'artère juste avant sa division –, se trouve un grand nombre de « barorécepteurs ». Ce sont des terminaisons nerveuses, sensibles aux déformations des parois de l'artère et liées aux variations de pression (*baro*) du sang.

Les barorécepteurs ont pour fonction de mesurer en permanence l'écart entre les pressions réelle et d'équilibre, exprimant la tension artérielle moyenne. Ces récepteurs sont par ailleurs raccordés à des chémorécepteurs intégrés au glomus carotidien. Le rôle de ces derniers consiste à analyser la chimie (*chémo*) du sang, en particulier les taux de CO_2 et d'O_2. Chémo et barorécepteurs sont reliés au nerf d'Hering, lui-même en communication avec le bulbe rachidien, d'où part le nerf vague.

Si la pression monte brutalement (passage du rasoir sur la carotide), ou que le taux d'oxygène baisse lentement mais sûrement (serrement progressif du foulard), le nerf d'Hering commande au cœur, via le nerf vague, de battre moins vite afin de faire baisser la tension. La fréquence des signaux est notamment proportionnelle à la pression artérielle au niveau du glomus carotidien et à sa vitesse de variation. L'évanouissement peut alors survenir : c'est une protection du cerveau qui, face à un danger mortel, se met momentanément hors tension, le temps de reprendre les commandes.

Les maladies neurodégénératives sont-elles transmises par les gènes ?

Aucun gène ne peut déclencher la forme non héréditaire d'une maladie neurodégénérative, qu'il s'agisse des plus courantes (Alzheimer, Parkinson), mais aussi de l'amyotrophie spinale infantile, la chorée de Huntington, la sclérose latérale amyotrophique, la sclérose en plaques, la maladie de Charcot... Toutefois, un ou plusieurs gènes sont responsables du déclenchement de ces maladies dans leurs formes « familiales », quand on les constate. D'autres gènes sont susceptibles de diriger le déclenchement de ces maladies. Des facteurs environnementaux peuvent également être impliqués, lesquels sont de plus en plus pris en compte, en particulier les métaux lourds (l'aluminium est le plus cité) et les pesticides.

Dégénératives : comme leur nom l'indique, ces maladies n'apparaissent pas du jour au lendemain. Il faut compter des années avant qu'elles commencent leur compte à rebours mortel. Voilà pourquoi ce ne sont pas véritablement les maladies elles-mêmes qui se transmettent d'une génération à l'autre, mais le terrain génétique qui leur est favorable. Le type de transmission dépend de la forme de la maladie.

Dans les cas de transmission monogénique, un seul gène est responsable – ou plutôt, une seule de ses « versions » : l'« allèle ». Tout gène dispose d'une forme dominante et d'une forme récessive. La maladie peut se « trouver » sur l'une ou l'autre. Pour que le terrain génétique favorable au développement d'une maladie neurodégénérative monogénique dominante apparaisse, il faut que l'un ou les deux allèles dominants du gène soient réunis lors du brassage chromosomique de la fécondation. Dans le cas d'une maladie récessive, c'est obligatoirement les deux allèles récessifs qui doivent être hérités. Mais, pour les maladies plurigéniques, ce modèle ne s'applique plus, tant les combinaisons possibles sont nombreuses entre allèles.

En ce qui concerne la maladie d'Alzheimer, sa forme la plus courante est dite « sporadique » : de 90 % à 95 % des malades en sont atteints. Dans les quelques formes familiales de la maladie, l'hérédité est portée par un ou trois gènes. La forme héréditaire monogénique n'affecterait fort heureusement que 1 % des malades en France. La maladie de Parkinson, elle aussi, est essentiellement sporadique. De multiples facteurs interviennent dans son apparition. Comme Alzheimer, elle présente des formes familiales qui concernent de 5 à 15 % des malades. Une quinzaine de gènes ont été identifiés jusqu'à présent, mais il semble qu'un nombre bien supérieur expliquerait l'hétérogénéité de la maladie.

La chorée de Huntington est en revanche une maladie strictement héréditaire. Un seul gène en est responsable, sous sa forme dominante. Dans les cas familiaux de la sclérose latérale amyotrophique, c'est la mutation d'un gène qui est en cause. Bien que d'origine en partie génétique, la sclérose en plaques, elle, ne semble pouvoir s'hériter puisque aucune forme familiale n'en est connue. L'amyotrophie spinale infantile est, à l'inverse, purement génétique : c'est une maladie due à l'allèle récessif d'un gène, mais qui ne s'hérite pas, les victimes n'ayant le plus souvent pas le temps d'enfanter...

Enfin, en conclusion de ce triste registre, la maladie de Charcot (plus précisément, de Charcot-Marie-Tooth) est quant à elle héréditaire, sous forme dominante ou récessive selon ses versions.

Est-il vrai que l'on combat l'insomnie en se levant ?

On n'en guérit pas, mais on combat effectivement l'insomnie en se levant aussitôt qu'on sent que l'on ne parviendra pas à s'endormir. Rester dans son lit à se retourner et à soupirer en espérant que le sommeil arrive ne fait que diminuer ses chances ! Mieux vaut se lever, changer de pièce, allumer, lire, boire un verre d'eau, sortir dans le jardin, le temps de s'apaiser suffisamment pour que la fatigue puisse progressivement prendre possession du corps.

Mais l'essentiel reste de bien connaître son rythme de sommeil. L'insomnie peut se produire ponctuellement, lorsqu'une angoisse, une excitation, un stress, des soucis, une maladie, un repas trop copieux empêchent l'organisme de se relâcher. Elle ne devient pérenne que si on lui laisse le champ libre : si l'on se couche alors qu'on n'est pas fatigué, ou qu'on se réveille alors que le dernier cycle du sommeil n'est pas achevé. On n'est pas insomniaque parce qu'on dort cinq heures chaque nuit. On l'est si ces cinq heures, ou ces huit heures, voire ces douze heures de sommeil, jamais profond, ponctué de réveils multiples, ont été acquises après une interminable séance d'endormissement. Il se peut alors que, au réveil, on se sente plus fatigué que, au coucher !

Il faut donc impérativement évaluer le nombre d'heures de sommeil dont on a besoin, et repérer la plage horaire où la fatigue survient le soir, et celle, le matin, où la sonnerie du réveil est la moins désespérante. Cette démarche permet d'évaluer le nombre de cycles de sommeil que l'on doit mettre à profit, chaque période durant en moyenne 1 h 30. Le tout est d'aller au lit au début du premier cycle, et de se réveiller à la fin d'un autre cycle.

Faute de quoi l'insomnie, qui touche un Français sur trois, entre dans un cercle vicieux : la peur de ne pas dormir est suffisamment stressante pour que l'on ne s'endorme effectivement pas ! On ne peut que conseiller à tous ceux qui craignent de devenir des insomniaques chroniques de se reporter au test de « typologie circadienne » de Horne et Ostberg, diffusé massivement sur l'Internet, et qui analyse les différents types de dormeurs...

Pourquoi le sommeil est-il cyclique ?

Le sommeil est une suite de cycles comportant plusieurs phases, chaque cycle durant de 1 h 30 à 1 h 45. Il démarre par une phase de « sommeil calme à ondes lentes » (celles que tracent les électroencéphalogrammes), d'une durée de 1 h à 1 h 15, et qui se décompose en quatre stades : le stade d'endormissement (somnolence, puis assoupissement), suivi par celui du « sommeil léger », puis du sommeil profond et du sommeil très profond. S'ensuit la phase bien connue du « sommeil paradoxal », celle des rêves, qui dure de 15 à 20 minutes. Le paradoxe tient à ce que le cerveau y est aussi excité que s'il était en phase d'éveil ! (voir p. 88, 99).

Du premier stade de la première phase à cette seconde phase, le dormeur est plongé dans un état d'inconscience de plus en plus profond. D'un stade à un autre, d'une phase à une autre, à mesure que le processus du sommeil s'étend, il devient plus difficile de réveiller une personne. Si un simple bruit de pantoufle suffit au cours du premier stade, il convient de la secouer lorsqu'elle est en plein rêve ! Enfin, le corps entre dans la phase de « sommeil intermédiaire », de quelques minutes, au cours de laquelle on se réveille pour se rendormir immédiatement sans même s'en rendre compte. Un sommeil n'est bon que si l'on se réveille à la fin de cette dernière phase.

Non seulement les cycles s'additionnent, mais la durée de chacune de leurs phases évolue. Ainsi, la première est plus longue au début qu'à la fin du sommeil. C'est en particulier les stades III et IV (sommeils profond et très profond) qui débordent au-delà de leur durée moyenne. Puis, au fil des heures, c'est la phase 2, celle des rêves, qui s'allonge aux dépens de la première. Pourquoi ? Parce que le corps a besoin avant tout de récupérer physiquement, ce qui n'est possible que durant le sommeil profond. Ce n'est qu'ensuite qu'il peut se reposer psychiquement et nerveusement, au cours du sommeil paradoxal. La dernière phase n'intervient que pour préparer l'organisme, correctement détendu, à éventuellement se réveiller. C'est là tout l'intérêt d'un sommeil cyclique : l'organisme se repose et se réveille graduellement.

Un somnambule n'a-t-il vraiment aucun souvenir de sa période d'éveil ?

Aussi étonnant que cela puisse paraître, un somnambule peut quitter son lit, aller jouer une sonate au piano, se faire réchauffer un cassoulet, lancer son chien par la fenêtre ou assassiner sa belle-mère, il ira ensuite se recoucher comme si de rien n'était ! À son réveil, il sera bien étonné quand les témoins lui décriront ce qu'il a fait. À dire vrai, c'est lui qui empêche les chercheurs de dormir, car le somnambulisme est un vrai paradoxe !

Ce phénomène survient en effet au cours du stade du sommeil profond, ou du sommeil semi-profond (phase 1 d'un cycle, voir p. 105). C'est la raison pour laquelle les somnambules ne se rappellent rien. Mais le fait qu'ils soient « éveillés » – ou du moins debout, en train de faire quelque chose – sans l'être vraiment (sinon, ils s'en souviendraient) démontre qu'ils se trouvent curieusement dans un état de demi-éveil, comparable au second stade de la première phase d'un cycle de sommeil (le stade du sommeil léger). Les somnambules sont en quelque sorte plongés dans un état intermédiaire d'« automatisme ambulatoire » : ils bougent, mais de façon irraisonnée. On n'en sait guère plus.

Chez l'enfant, le somnambulisme n'est pas inquiétant en soi, le cerveau n'étant pas parfaitement constitué. Un petit qui se dresse dans son lit, voire se lève pour aller caresser son chat, n'est pas un enfant malade. S'il se lève, c'est que son cerveau se trompe dans la formation et la succession des cycles du sommeil.

En revanche, chez l'adulte, cela peut être le signe d'un dysfonctionnement cérébral. Pour autant, peut-on vraiment parler de maladie ? Ce phénomène d'automatisme ambulatoire laisse à penser que l'inconscient surpasserait la conscience pour prendre momentanément possession du corps. Les somnambules exprimeraient-ils ainsi physiquement des sentiments non verbalisés ? Certains psychologues le pensent, mais les cas d'actes violents, théoriquement imputables à un mobile enfoui, sont extrêmement rares. Aucune généralisation n'est donc possible.

À ce jour, un seul meurtre a été attribué à un somnambule. Il est survenu dans une clinique de Kampala, en Ouganda, en 1991, et demeure inexpliqué. Les coups de couteau donnés par des somnambules à leurs conjoints, rapportés çà et là, ne s'expliquent pas davantage. Ce qu'on sait, en revanche, c'est qu'un somnambule trop brutalement réveillé par un quidam réagit presque toujours violemment : c'est qu'il ne sait plus ni où il se trouve ni même qui il est... Quant aux hommes qui étranglent ou font l'amour à leur femme (les Américains appellent cela le « sleep sex ») sans même s'en rendre compte, ils ne sont pas forcément somnambules. Tout juste un peu exaltés par un rêve très intense...

Un groupe de personnes peut-il avoir des hallucinations collectives ?

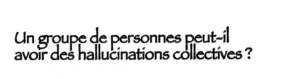

La définition courante de l'hallucination précise qu'il s'agit d'une « perception pathologique de faits, d'objets qui n'existent pas, de sensations en l'absence de tout stimulus extérieur ». L'hallucination s'inscrit donc en dehors de toute logique. Bien réelle, ou du moins attestée, l'hallucination collective est proprement irrationnelle. C'est une conviction, totalement inébranlable, dont l'objet est véritablement délirant. Ainsi, tel halluciné voit Jésus, tel autre entend sa grand-mère morte, ou bien touche le bras de Napoléon, ou encore hume l'odeur d'un incendie totalement inexistant et ne veut pas en démordre.

Du point de vue neurologique, rien n'explique cet étrange comportement. Dans certains cas, cependant, des lésions ou des pathologies des organes sensoriels peuvent dérégler la vue, le toucher, l'ouïe et l'odorat en les exacerbant ou, au contraire, en les infirmant au point que le psychisme s'applique à les compenser tant bien que mal. Autrement dit, il laisse libre cours à certaines illusions par défaut de perception.

De l'illusion à l'hallucination, il y a tout de même un pas qu'une prédisposition psychologique, voire psychiatrique, permet de franchir. Quand une personne « voit » la même chose, de façon obsessionnelle, au point de la croire réelle malgré la réalité des faits, et ne supporte pas d'être contredite, c'est sans doute qu'elle a profondément envie de la « voir ». Une attente exaspérée, nourrie par la dépression, la peur, la méconnaissance ou la foi, peut, dans une situation d'émotion extrême, fabriquer des sensations puissantes afin que la vie reste supportable.

Dans un groupe culturellement homogène, le phénomène est d'autant avéré que l'hallucination d'un de ses membres se transmet rapidement à tous. Quand on « sait » ce qu'il faut voir, on voit. Ainsi, après des heures passées à la regarder, on peut voir une statue de la Vierge se mettre à pleurer. Il suffit d'une poussière dans l'œil d'un observateur qui se commue en larme sur la joue de Marie... Il suffit d'un objet flottant en col-de-cygne dans une mer démontée pour qu'un équipage tout entier, de même condition, terrifié par l'inconnu, voie un serpent de mer. Et tous, même ceux et celles qui n'ont rien « vu », se persuadent qu'ils ont vu, afin de demeurer dans la sécurité affective du groupe.

5 Et la tête ?

La tête peut-elle encore s'animer après avoir été séparée du corps ?
Une greffe de la tête sera-t-elle un jour possible ? **Pourquoi notre
visage n'est-il pas symétrique ?** *Pourquoi la tête n'a-t-elle jamais la
chair de poule ?*

La tête peut-elle encore s'animer après avoir été séparée du corps ?

Antoine Lavoisier (1743-1794) aura été un homme de science jusqu'au bout. Alors qu'il s'apprêtait à passer à la guillotine, il aurait demandé à ses amis de compter ses clignements d'yeux après sa décapitation, histoire de vérifier combien de temps la tête, brutalement privée de circulation sanguine, continuait de s'animer. Il cligna des yeux durant quinze secondes, mais d'autres condamnés poussèrent l'abnégation jusqu'à battre des paupières durant trente secondes! Un médecin, dont le nom s'est perdu, a établi qu'on pouvait observer en moyenne quatre battements de paupières dans un intervalle de 3 à 20 secondes suite à la décapitation.

Indubitablement, même une fois « décollée », on constate que la tête est agitée par des mouvements réflexes. Et, à l'inverse, les soldats de toutes les guerres peuvent témoigner avoir vu des frères d'armes continuer de courir quelques instants la tête arrachée par un éclat d'obus. Comme on peut communément le noter chez le poulet, le système végétatif entretient les fonctions vitales du corps une dizaine de secondes après sa coupure du cerveau. Mais cela ne signifie pas que la conscience perdure...

Ainsi, quel crédit accorder à ces témoignages selon lesquels des condamnés décapités auraient tiré la langue? À moins de se convaincre que ces malheureux ont souhaité mourir en faisant rire leurs bourreaux, il est plus qu'improbable qu'il s'agisse de leur part d'un acte conscient. Après la décapitation, il se produit tout simplement un relâchement musculaire : la mâchoire tombe, et la langue en sort naturellement.

Cela étant, les personnes décapitées ont-elles conscience, au moins un laps de temps, de ce qui leur arrive ? Autrement dit, voient-elles cette séparation de leur propre corps ? Les études rigoureuses sont impossibles, car on manque fort heureusement de cobayes ! Elles ne peuvent donc que se fonder sur un présupposé : le cerveau ne meurt qu'après trois à dix minutes de privation d'oxygène. En théorie, donc, après que la tête a été séparée du corps, le cerveau continue de fonctionner durant ce laps de temps. Mais est-on à même de voir quoi que ce soit ? Ressent-on encore quelque chose ? Rien n'est moins sûr puisque, en situation de survie critique, le cerveau se concentre sur lui-même. Il restreint son activité pour diminuer sa consommation d'énergie. Il est donc plausible que les décapités connaissent une forme d'évanouissement, définitif celui-là (voir p. 85, 100)...

Les pilotes de chasse d'avions supersoniques endurent des chocs physiologiques fort instructifs en la matière. En effet, lors de phases d'accélération et de manœuvres rapides, leur organisme subit de telles contraintes que le sang est comme aspiré, retenu dans les parties basses de leur corps. Ces accélérations sont mesurées en nombre de G, le G étant l'unité de mesure de l'accélération imprimée par la pesanteur. Incapable de lutter, le cœur ne peut plus envoyer de sang vers la tête. La vision des pilotes se brouille, et ils finissent par perdre conscience. C'est la perte de conscience classique des pilotes de chasse et des astronautes : le « G-Loc » (*G-induced Loss of Consciousness*). Il n'est pas impossible que, décollée du corps, la tête connaisse un état similaire.

Une greffe de la tête sera-t-elle un jour possible ?

La question paraît incongrue, absurde même : comment imaginer que l'on puisse greffer une tête ? Pourtant, en laissant provisoirement de côté les questions éthique et morale, force est de reconnaître que, la tête étant un « organe » comme un autre (ou presque), rien ne s'oppose à sa greffe. En théorie seulement. Car la tête est un écheveau de nerfs qu'il est difficile de reconnecter, sans compter que le cerveau est d'une fragilité notoire. Qui plus est, on ne sait toujours pas réparer une moelle épinière sectionnée...

Un neurochirurgien américain, Robert White, a tout de même réussi, en 1997, à transplanter des têtes entre macaques. Les singes opérés ont survécu une semaine en pouvant manger, voir et, semble-t-il, entendre, mais sans être capables du moindre mouvement : ils étaient paralysés car il n'avait pas été possible de raccorder la tête à leur moelle épinière.

Pour accomplir ce « miracle », le bon docteur avait inventé un appareil, une sorte de réfrigérateur dans lequel la température de la tête fraîchement décollée pouvait être rapidement abaissée de 37 °C à 10 °C. Le métabolisme du cerveau se trouvant ainsi considérablement ralenti, l'oxygène du sang resté dans le cerveau après la décapitation pouvait donc suffire à le préserver une heure environ. Bien que le docteur White ait affirmé qu'il pensait réalisable une greffe de tête humaine, l'expérience n'a fort logiquement jamais été tentée.

D'autres expériences médicales ont porté sur le maintien en fonction du cerveau. Ainsi, en 1987, le docteur Chet Fleming a-t-il déposé aux États-Unis le brevet d'un « support biochimique et physique » qui visait à maintenir en vie la tête coupée d'un animal. Le docteur assurait que son appareil – qu'il n'a jamais réalisé – devait en principe prolonger l'activité normale du cerveau, des yeux, du nez. Des personnes paralysées, souffrant atrocement, lui auraient demandé si elles pouvaient attendre de cet appareil qu'il leur permette de continuer à vivre sans ce corps devenu si encombrant...

Pourquoi notre visage n'est-il pas symétrique ?

Tous les organismes vivants, et singulièrement les animaux, sont conçus selon le principe de symétrie. Chez l'homme, cette symétrie est bilatérale : de part et d'autre de l'axe de la colonne vertébrale, on trouve deux yeux, deux narines, une bouche en deux pièces, deux bras, deux reins, deux jambes. La tête elle-même est symétrique, organisée autour d'une ligne passant par le nez. La perfection n'étant pas de ce monde, cette symétrie, qui se met en place dans les tout premiers jours de l'œuf fécondé, n'est cependant pas tout à fait idéale. Les yeux ne sont que rarement équidistants, une oreille est toujours plus haute que l'autre, les narines ne sont pas semblables, la bouche est un peu déformée... Dommage ! De nombreuses études ont en effet démontré que, quelle que soit la civilisation considérée, et pour tout critère retenu, sexe ou niveau socioculturel, la beauté est toujours fortement associée à la symétrie presque parfaite du visage.

Les évolutionnistes (voir p. 58, 71, 142, 144) voient dans ce constat une adaptation typiquement darwinienne : la symétrie bien réalisée octroierait à ses bénéficiaires de meilleures chances de rencontrer l'âme sœur. En se reproduisant, ils transmettraient les bons gènes, responsables de la bonne symétrie. Les beaux feraient des beaux. La symétrie serait donc entérinée par l'hérédité...

Certains généticiens assurent même qu'un visage symétrique serait rassurant pour qui le regarde car il administrerait la preuve que la croissance se serait parfaitement bien accomplie depuis la fécondation jusqu'à l'âge adulte. Non seulement les gènes de développement auraient admirablement mené leur travail, mais le système immunitaire et la machinerie de réparation des mutations de l'ADN auraient réussi à contrer la plupart des agressions. Ainsi, se reproduire avec des individus symétriques serait la promesse de faire hériter ses descendants de bon gènes, au moins pour moitié...

En outre, selon certains neurologues, il serait plus aisé de traiter les informations d'un visage symétrique. L'harmonie qui s'en dégage s'imprimerait plus facilement dans la mémoire. Une harmonie d'ordre fractal, pour quelques mathématiciens.

Une approche chiffrée donne une autre indication : la symétrie du corps entier joue également un rôle dans les critères de beauté. Le rapport taille/hanche idéal, que l'on tient pour indicatif de l'équilibre d'une stature, serait de 0,71 pour les femmes et de 0,95 pour les hommes. Toutefois, le rapport idéal déclaré par un sexe pour lui-même ne concorde pas avec celui avancé par l'autre sexe. Ces critères ne correspondent pas non plus à la réalité des peuples, alors que « tous », d'après les enquêtes, les considèrent comme justes. Le préjugé culturel, globalement favorable à la taille fine des Occidentaux, explique sans doute ce paradoxe.

Mais la symétrie n'est pas un critère exclusif de beauté, loin s'en faut ! La grandeur et la clarté des yeux, la finesse de la découpe du nez, la petite taille des oreilles et l'expressivité du visage – un caractère évolutif propre à tous les primates, espèce humaine bien comprise – sont d'autres facteurs d'importance pour les deux sexes de la plupart des peuples.

Néanmoins, l'attirance reproductive – qui n'est pas l'excitation sexuelle – est surtout fonction de l'appartenance sociale : on demeure souvent entre soi, dans le même village, la même vallée, le même niveau social, le même milieu professionnel, le même peuple, la même religion, le même parti politique.

Un autre critère important est la sexualisation : un homme serait attiré par un visage très féminin ; une femme par un visage typiquement masculin. Ce serait la preuve que les hormones sexuelles agissent correctement. On en verrait une illustration dans les cheveux : les couleurs sombres seraient associées à un caractère masculin. Les hommes bruns seraient aussi plus virils. À l'inverse, les femmes blondes seraient plus féminines que les brunes. Cela dit, la peau noire éveillerait plutôt le désir des hommes ; toutefois, il ne s'agirait pas d'une question d'hormones, mais de préjugés culturels. Chez les femmes, les jambes sont aussi un critère de beauté. Plus elles sont longues, plus elles attirent le regard des hommes. Or, les embryologistes nous apprennent que des membres courts à la naissance, par rapport à la moyenne, sont notamment dus à des carences alimentaires lors du développement embryonnaire. Ainsi, de petites jambes, quoi que parfaitement symétriques, peuvent-elles cacher bien des soucis organiques.

Pourquoi la tête n'a-t-elle jamais la chair de poule ?

Faites-vous peur ou sortez nu en plein hiver, et observez bien votre peau : à chaque petit mont qui apparaît – la fameuse « chair de poule » – correspond un poil. Regardez-vous maintenant dans une glace. Votre visage est-il recouvert de poils ? Non. Voilà pourquoi on n'a jamais la chair de poule à la tête ! Bien sûr, notre chef est surmonté de cheveux, mais ils sont bien trop longs et lourds pour pouvoir se soulever. De même, les durs poils de barbe des hommes ne risquent pas de se redresser.

La chair de poule (ou « horripilation » dans le vocabulaire clinicien) est un processus incontrôlable lié à la survie. Lorsque les quelque 100 000 capteurs de température disséminés sur la peau repèrent une variation négative supérieure à 0,1 °C, ils en informent l'hypothalamus via leurs nerfs afférents. Situé sous le cerveau, cet organe est le siège du système neurovégétatif. Il s'assure que les fonctions vitales de l'organisme se maintiennent. C'est dire l'importance du mécanisme de la chair de poule.

Également informé par le refroidissement du sang, l'hypothalamus envoie ses ordres au système sympathique (voir p. 27, 100, 118, 125, 183) via la moelle épinière. Comme le neurone attaché au bulbe de chaque poil, sous la peau, est connecté à un muscle, il réagit en l'excitant. Ce muscle, dit arecteur, se contracte. Le poil se redresse tant et si bien que le bulbe sort de la peau. Ainsi déployés, lui et ses milliers de congénères emprisonnent une grande quantité d'air qui, chauffée par la peau à la température du corps, sert en quelques minutes d'isolant.

Toutefois, chacun sait que cette protection physiologique n'est pas suffisante : même les hommes les plus velus ne sauraient se prémunir efficacement contre le froid. En réalité, notre chair de poule est la version très altérée d'un procédé qui préserve réellement oiseaux et mammifères et qui fait partie du patrimoine génétique commun à ces deux groupes. Nous en avons hérité et l'utilisons toujours par réflexe ancestral, comme première barrière au froid, mais surtout pour préparer notre corps à résister à un stress maximal, comme la peur. Cela n'est d'ailleurs pas plus efficace : si le chat peut encore effrayer le molosse en hérissant tous ses poils, la méthode relèverait plutôt du pathétique en ce qui nous concerne.

Pour l'essentiel, nous supportons le froid grâce au frissonnement. Celui-ci crée de la chaleur par frottement entre les fibres musculaires et grâce à l'augmentation du métabolisme cellulaire activé (voir p. 19, 26, 28, 127). Cet ensemble de réactions chimiques fabrique aussi de la chaleur, en puisant sur les réserves de l'organisme, d'abord de sucres, puis de graisses. Après trois ou quatre heures, tous ces mécanismes ralentissent, et le corps se refroidit lentement. En dessous de 32 °C, il est rarement « récupérable », comme disent les urgentistes. Surtout s'il y a eu ingestion d'alcool (voir p. 26).

6 Plein les yeux

Les animaux peuvent-ils pleurer ? *Pourquoi pleure-t-on lorsqu'on est fou de joie ?* Que sont ces images fantômes qui défilent devant nos yeux ? *Pourquoi les yeux ne peuvent-ils geler ?* Peut-on avoir les yeux de couleurs différentes ? *Est-il vrai que l'absorption d'alcool rend aveugle ?* Peut-on rendre la vue aux aveugles ? *Les yeux peuvent-ils sortir de leurs orbites ?*

Les animaux peuvent-ils pleurer ?

Les oiseaux de mer, les éléphants, les iguanes et les crocodiles marins, comme la plupart des mammifères marins, pleurent. Plus généralement, tous les animaux vivant dans des milieux très salés, ou très chauds, disposent d'un système complémentaire aux reins, lesquels deviennent inefficaces au-delà d'une concentration maximale en sels dans le sang. Ce système est constitué de « glandes à sel » qui évacuent le surplus hors de l'organisme, autrement que par la voie urinaire.

Or, chez la plupart des oiseaux, mammifères et reptiles marins, ainsi que chez l'éléphant, par exemple, les glandes à sel s'écoulent sur le bord des yeux. Avant qu'on en connaisse la fonction, ces glandes furent donc considérées comme lacrymales. Les animaux pleuraient, ils avaient donc une âme ! En fait, ils ne pleurent pas du tout. Jamais. Ceux qui ressentent de la tristesse l'expriment autrement. Il n'y a que l'espèce humaine qui succombe aux larmes sous l'emprise d'une émotion forte.

Vague à l'âme ou pas, il est vrai que nous pleurons tout le temps. Les larmes ont pour fonction physiologique de nettoyer en permanence la cornée (pour la débarrasser de l'alinase, par exemple, une enzyme éjectée par l'oignon pelé), évacuant aussi les poussières, afin de la protéger des infections et de maintenir sa souplesse et son humidité. Mais les larmes ont un autre rôle, au moins aussi important que tous les autres réunis : celui d'oxygéner la cornée. En effet, celle-ci n'est pas du tout vascularisée.

L'oxygène qui alimente ses cellules, en renouvellement permanent, lui est ainsi apporté par simple diffusion entre le liquide lacrymal et la membrane cellulaire. Par ailleurs, les glandes de Meibomius, situées sur la partie interne des paupières (contre l'œil), sécrètent un « film lacrymal » riche en lipides qui, étalé lui aussi sur la cornée, limite son évaporation.

Les larmes sont de l'eau salée. « De l'eau de mer », dit-on. Pas tout à fait. Si elles comprennent bien 0,9 % de sels (contre 3,5 % dans l'eau de mer), elles sont surtout constituées de molécules antimicrobiennes (lysozyme [voir p. 20, 155] et lactotransferrine principalement), et sont presque dépourvues de toute protéine. Rien qui ne puisse étonner un neurologue, car la composition des larmes est très proche de celle du liquide céphalorachidien, lequel, justement, joue un rôle antiseptique majeur pour le cerveau.

Les larmes sont fabriquées par les glandes lacrymales, situées sur le bord externe (vers l'oreille) de chaque paupière supérieure. Elles sont déversées sur les yeux par les canaux lacrymaux. Elles glissent sur la cornée, sont étalées par le clignement des paupières, puis sont reprises par les canaux lacrymaux situés sous la paupière inférieure, qui les évacuent vers le sac lacrymal. Placé à la commissure intérieure des paupières, ce sac éjecte finalement les larmes dans le nez. Le contact de l'air suffit à les volatiliser. On ne s'en rend même pas compte. Quand les glandes produisent beaucoup, ce système fonctionne à plein régime. Voilà pourquoi un chagrin contraint à se moucher. Lorsque le circuit est complètement dépassé, ce qui arrive vite, les larmes s'accumulent à la commissure des paupières et s'écoulent en suivant le relief des joues, dont elles soulignent le galbe.

Pourquoi pleure-t-on lorsqu'on est fou de joie ?

Les hypothèses sont multiples. Voici la plus concrète : on pleure de joie pour évacuer une émotion trop forte qui n'a pas trouvé un autre moyen d'expression. Il semblerait que nous disposions tous d'un seuil de « retenue », de rétention des émotions, au-delà duquel les pleurs serviraient d'exutoire. Ce serait un moyen de réduire le stress, que l'émotion soit joyeuse ou triste. Cela prouverait qu'il est physiologiquement sain de se laisser aller quand un trouble nous submerge. Si le corps a besoin d'évacuer des larmes à ce moment-là, c'est que cela est sûrement utile. Ce qu'il élimine doit l'être, simplement parce que ce qui est expulsé n'est pas « bon ». En conséquence, si l'on retient ses larmes, on ne se fait pas du bien, car tout cela s'accumule dans le corps.

La commande nerveuse des glandes lacrymales est dirigée par le système nerveux parasympathique, l'une des deux composantes du système nerveux neurovégétatif. Pleurer lors d'une vive émotion serait donc une fonction essentielle au maintien de l'équilibre interne de l'organisme, comme uriner, déféquer ou suer.

Mais, qu'est-ce qui peut au juste être évacué par les larmes produites lors d'une émotion intense ? Des hormones, sans doute, telles que les hormones de stress (adrénaline, noradrénaline, cortisol, entre autres). Ces molécules, aux effets délétères à moyen terme, seraient plus rapidement évacuées de l'organisme par les larmes que par les reins, qui les filtrent dans le sang. Le conditionnel est de mise car les recherches ne sont pas encore très concluantes, mais cela n'empêche pas nombre de médecins de mettre en relation le rôle probable des larmes et les dégâts organiques (ulcères) et psychologiques associés au stress, beaucoup plus fréquemment observés chez les hommes que chez les femmes.

Dans la plupart des cultures, il est en effet mal vu qu'un homme pleure, ce comportement étant considéré comme une preuve de faiblesse. Les parents, sans s'en rendre compte, acceptent aussi plus facilement les larmoiements de leurs filles que ceux de leurs garçons. Alors, messieurs, pleurez! Quand vous voulez, comme vous voulez, mais pleurez!

Que sont ces images fantômes qui défilent devant nos yeux ?

Les spécialistes de la vision utilisent l'expression « mouches volantes » pour désigner ces impuretés qui apparaissent spontanément au sein de l'humeur vitrée. Elles sont banales, peu gênantes, et occupent l'esprit quand on n'a rien d'autre à faire que de pister leur mouvement. Ces « mouches » volettent en suivant le regard avec un léger décalage. Lorsqu'on tourne vivement la tête, elles sont projetées dans la direction opposée, comme l'écume d'une boule à neige. Le cerveau les « oublie » afin de corriger leur présence dans le champ visuel.

L'humeur vitrée est une gelée qui constitue les six dixièmes du volume de l'œil. Composée à 99 % d'eau, on y trouve des fibrilles de collagène, qui la répartissent de façon homogène, et de l'acide hyaluronique. L'humeur vitrée (ou corps vitré) est contenue dans une membrane translucide, la hyaloïde. Elle est intercalée entre le cristallin (l'objectif de l'œil) et la rétine (le capteur photographique). Elle a pour fonction, à la fois, de maintenir la forme sphérique du globe oculaire et de faciliter la convergence des rayons lumineux vers la rétine. Elle a ainsi un rôle comparable à celui d'une chambre noire ou d'une salle de projection. En vieillissant, sa texture gélatineuse se fluidifie de façon disparate. Çà et là, des fibres de collagène s'individualisent par condensation, et passent « devant » les yeux. C'est une évolution naturelle, dans la mesure où la membrane hyaloïde est formée de fibres condensées de collagène.

Mais il n'y a pas que ces fibres qui se baladent dans l'humeur vitrée : les « mouches volantes » sont aussi formées par des cellules de la rétine, ou sanguines. Avec le temps, leur nombre augmente pour la simple raison que l'humeur âgée est plus liquide. Rien que de très normal. Il faut toutefois s'inquiéter lorsque ces mouches se mettent à voleter en colonies entières ou qu'apparaissent, de façon persistante, des éclairs fixes dans un endroit bien déterminé, et ce, même les yeux fermés. On peut craindre une inflammation du corps vitré (hyalite), ou un risque d'hémorragie. Aussi bien, il est peut-être devenu trop liquide : la modification de l'élasticité de l'humeur vitrée peut exercer une tension suffisante sur la rétine pour que celle-ci se décolle. Mais cela se produit rarement. Si, néanmoins, les mouches vous gênent, profitez de leur inertie. Usez de vos yeux comme d'une boule à neige : roulez-les rapidement dans tous les sens, puis immobilisez-les brutalement. Collées en périphérie, les mouches vous ficheront bien la paix pendant une minute !

Pourquoi les yeux ne peuvent-ils geler ?

Il est rare que les explorateurs des pôles et des sommets du globe perdent la vue parce que leurs yeux ont gelé. Pourtant, en cas de coup dur, ils perdent dans la bataille quelques doigts et orteils, et peuvent éventuellement y laisser le bout du nez ou le lobe de leurs oreilles.

C'est que les yeux sont bien mieux protégés que les doigts et les pieds. Ces derniers présentent une grande surface d'exposition à l'air, par rapport à leur volume. Or, plus le rapport entre surface et volume est important, plus vite les calories sont perdues. Par ailleurs, doigts et orteils sont faiblement vascularisés : quand on se coupe, ils ne saignent pas abondamment, et la plaie est vite refermée. Tant mieux, puisque le sang est le véhicule de la chaleur dans l'organisme. Enfin, on ne peut pas dire que doigts et orteils soient des organes très musclés, alors que la résistance au froid repose essentiellement, chez l'être humain, sur le frissonnement, c'est-à-dire le frottement des fibres musculaires les unes contre les autres afin de fabriquer de la chaleur (voir p. 19, 26, 28, 118, 127).

Quand le frissonnement ne suffit pas pour lutter contre le froid, le corps détourne progressivement le sang des organes périphériques vers ceux qui sont le plus nécessaires à sa survie : le sang reflue des membres pour concentrer sa chaleur autour du cœur, du foie, des reins ou du cerveau, par exemple. Quand le corps se trouve en situation de survie par froid intense, il est donc difficile de ne pas geler des pieds et des mains !

À l'inverse, la tête est toujours bien irriguée, car le cerveau l'exige (voir p. 23, 26, 180, 204, 211). Les yeux sont aussi réchauffés par une membrane, la choroïde, qui diffuse le sang vers les cellules pigmentaires de la rétine, ainsi que vers l'iris. Hors sa partie visible, le globe oculaire est formé de trois membranes. De l'extérieur à l'intérieur, se trouvent la sclérotique, la choroïde et la rétine. La choroïde alimente la rétine et l'iris en oxygène et en chaleur. Elle sert aussi d'isolant pour la rétine, tant vis-à-vis de la lumière que de la température extérieures.

C'est la choroïde qui nous fait ces yeux rouges sur les photos. Lorsque la pupille n'a pas eu le temps de se rétracter avant le flash, l'éclair porte directement sur le fond de l'œil, c'est-à-dire la membrane choroïde. Si elle paraît rouge, c'est qu'elle est gorgée de sang : la choroïde est pour l'essentiel constitué des capillaires sanguins et des artères ciliaires.

En revanche, la cornée est « avasculaire » : elle n'est pas irriguée. Si le froid est intense, s'il souffle un vent fort, elle se refroidit très vite sans espoir d'être aidée par le sang pour résister à l'agression thermique. Elle peut donc geler. Les skieurs sont parfaitement avertis de ce risque et savent en identifier les prémices : vision floue, irritation, lumière devenue insupportable. Ce n'est là rien de grave, les cellules de la cornée se renouvelant en permanence. Un retour à une température normale suffit généralement pour recouvrer complètement la vision. Il est de toute façon très facile de se prémunir contre ce risque : il faut se couper du vent et isoler une masse d'air devant le visage au moyen d'une capuche largement débordante. Les lunettes de ski ne sont pas une solution, car la buée s'y accumule. Des lunettes de glacier sont plus efficaces, d'autant qu'elles font barrière aux ultraviolets, bien plus inquiétants pour nos yeux que la gelure. Sensation de gravier dans les yeux, larmoiement permanent, paupières gonflées, maux de tête : quelques heures après l'exposition aux UV, les lésions apparaissent et, traitées trop tard, elles sont irréversibles.

Peut-on avoir les yeux de couleurs différentes ?

David Bowie et Alexandre le Grand en sont la preuve : on peut parfaitement avoir des yeux de couleurs différentes. Ce sont les fameux yeux vairons ou, selon les spécialistes, *heterochromia iridium*. On peut même avoir deux couleurs dans le même œil *(heterochromia iridis)*. Cela n'a rien à voir avec la génétique dite mendélienne, qui explique la distribution des caractères héréditaires d'une génération à l'autre. Chez l'être humain, la couleur de l'iris (la couleur de l'œil, donc, qui n'est pas uniforme) est aux trois quarts déterminée par un gène.

Un gène se présente toujours dans nos cellules sous deux versions différentes. Ce sont les « allèles » (voir p. 102, 175, 178), qui se répartissent entre dominant et dominé, ou récessif. Dans le cas du gène responsable de la couleur des yeux, l'allèle dominant code pour la fabrication d'un pigment, la mélanine, de couleur brune. Cette mélanine se concentre dans le fond de l'iris (face interne) et un peu moins sur la face externe. La superposition des deux niveaux de mélanine est à l'origine des teintes de brun. Quant à lui, l'allèle récessif (« bleu ») ne code pas.

L'allèle « brun » étant dominant, la majorité de l'humanité a les yeux bruns, car il suffit d'avoir reçu de ses parents un seul allèle « brun » pour avoir les yeux bruns. En revanche, pour avoir les yeux bleus, il faut avoir hérité de ses parents les deux allèles « bleus ». Pas plus d'une chance sur quatre ! Dans ce cas, l'iris n'est pas ou très peu coloré par la mélanine. Nu, il va, comme la surface de la mer, réfléchir la lumière d'une façon particulière : en bleu. La couleur bleue des yeux est donc quelque peu trompeuse. Ainsi, tous les bébés ont les yeux bleus, car la mélanine reste durant quelques semaines coincée au fond de l'iris.

Que se passe-t-il lorsqu'on hérite à la fois d'un allèle dominant et d'un allèle récessif ? On a des yeux plus ou moins marron. Mais les choses sont évidemment plus complexes : une découverte récente a permis de montrer que le gène codant pour la couleur marron ou bleu est très polymorphe. C'est-à-dire que l'agencement des molécules qui le composent (ce sont les « bases ») peut varier plus facilement que chez d'autres gènes. Ce polymorphisme expliquerait le grand nombre de nuances entre marron et bleu, difficilement explicable autrement.

Et les yeux verts ? Rares, ils sont déterminés par un autre gène. On sait depuis peu que d'autres gènes interviennent également dans la répartition et la concentration de la mélanine. Le « dialogue » entre tous ces gènes pouvant être entaché d'erreurs, rien d'étonnant, finalement, à ce que des bébés puissent naître avec les yeux verts, alors que leurs parents ont les yeux marron ! Ni qu'Alexandre le Grand ait pu embrasser son empire de ses yeux vairons...

De nos jours, on se demande toutefois si cette forme d'hétérochromie ne serait pas due à la version dominante d'un gène toujours inconnu. Les hétérochromies peuvent aussi apparaître à la suite de mutations ou de recombinaisons génétiques intervenues après la fécondation. C'est ce qui se passe par exemple dans le cas du syndrome de Waardenburg, une maladie orpheline.

Est-il vrai que l'absorption d'alcool rend aveugle ?

Il y a alcool et alcool ! Ainsi, le méthanol est un alcool utilisé comme dégraissant dans l'industrie, et par tout un chacun comme combustible (sous la forme de l'alcool à brûler) ou antigel. Son ingestion directe, rarissime en France, est exclusivement constatée dans des cas de suicide. Elle peut effectivement provoquer la cécité, préalable au coma et à la mort.

Chargé de détoxifier le sang, le foie déploie une batterie d'enzymes qui ont pour effet de transformer le méthanol en d'autres molécules... encore plus toxiques. Il s'agit en l'occurrence du formaldéhyde (sécrété par une enzyme fondamentale dans le métabolisme des alcools, l'alcool déshydrogénase) et de l'acide formique (synthétisé à partir du formaldéhyde par une autre enzyme très importante, l'aldéhyde déshydrogénase). Au contact du nerf optique, le formaldéhyde et l'acide formique gênent la conduction nerveuse et provoquent l'apparition d'œdèmes au sein des fibres nerveuses. La vision des couleurs est altérée et l'acuité visuelle diminue fortement.

Moyennant quoi, au bout de quelques heures, le méthanol aura déclenché une pathologie grave, la névrite optique rétrobulbaire. « Névrite » indique que l'on a affaire à une inflammation du nerf optique, et « rétrobulbaire », qu'elle se produit en arrière du globe oculaire. La cécité n'est dès lors pas loin de se déclarer, et l'organisme doit être rapidement débarrassé de toute trace de méthanol, formaldéhyde et acide formique.

Sans aller jusqu'à boire au goulot un bidon d'antigel, il est possible d'avaler du méthanol sans le savoir. Ainsi, en Russie, des distillateurs malhonnêtes vendent des vodkas frelatées : l'éthanol, composant majoritaire d'un alcool digne de ce nom, est dilué avec du méthanol afin d'en baisser le prix de revient. Qui plus est, le méthanol présente l'intérêt commercial de ralentir l'enivrement : les consommateurs boivent donc davantage d'alcool frelaté, augmentant en conséquence le risque pour eux de développer une névrite.

Les alcools dits alimentaires peuvent aussi provoquer la même affection. L'alcoolisme chronique, en association probablement avec un fort tabagisme, favorise l'apparition de cette atteinte grave du nerf optique. Il est même, en France, avec la sclérose en plaques, la première cause de névrite rétrobulbaire.

Les mécanismes sous-jacents sont encore peu clairs, mais il semble que les carences en vitamines B1 et B6, en jeu dans l'alcoolisme, soient déterminantes. La vitamine B1, ou thiamine, a un rôle fondamental dans l'absorption du glucose par l'ensemble des cellules nerveuses du cerveau. La vitamine B6, ou pyridoxine, qui intervient dans la synthèse d'innombrables molécules, est directement impliquée dans la protection contre toutes les formes de névrites.

L'alcoolisme entraîne également des carences en vitamines B12 (cobalamine), B9 (folate), B3 et PP (nicotinamides), responsables d'atteintes neurologiques, et en vitamine A (la bien nommée rétinol), impliquées dans les troubles de la vision. De plus, l'alcool, molécule de petite taille qui a des affinités à la fois pour l'eau et pour les graisses, passe très facilement la barrière des membranes des cellules nerveuses. Non seulement cela perturbe leur fonctionnement électrique, mais cela les déshydrate aussi...

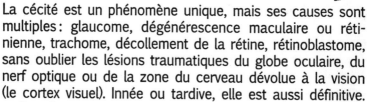

Peut-on rendre la vue aux aveugles ?

La cécité est un phénomène unique, mais ses causes sont multiples : glaucome, dégénérescence maculaire ou rétinienne, trachome, décollement de la rétine, rétinoblastome, sans oublier les lésions traumatiques du globe oculaire, du nerf optique ou de la zone du cerveau dévolue à la vision (le cortex visuel). Innée ou tardive, elle est aussi définitive.

De récentes publications de travaux de laboratoire invitent toutefois à un certain optimisme. Les expériences les plus médiatisées concernent des appareillages, faussement dénommés « prothèses », qui se substituent aux yeux inefficients. L'un d'eux n'est autre qu'une caméra microscopique portée sur une paire de lunettes, reliée à un tout petit ordinateur chargé de traiter le signal, qu'il envoie ensuite directement au cerveau via des électrodes implantées sur le cortex visuel.

Un patient dénommé Jerry est devenu mondialement célèbre en testant le premier appareil de ce genre, inventé en 1978. À l'époque, l'ordinateur pesait 100 kg et était 500 fois moins rapide qu'aujourd'hui ! Jerry a de nouveau servi de cobaye en janvier 2000. Pour la première fois en vingt-sept ans, Jerry a pu déchiffrer les lettres et les chiffres d'une plaque d'immatriculation située à 1,5 m de distance. « Déchiffrer » est le terme exact : passé au travers de l'appareil, le monde se résume à des formes scintillantes sur fond noir, qui accentuent les contrastes. L'ordinateur interprète les images transmises par la caméra, et la zone du cortex, à laquelle il envoie ses informations, traite spécifiquement les contrastes.

Une variante consiste à relier l'ordinateur, non pas au cerveau, mais à la rétine, si celle-ci est encore fonctionnelle, ou au nerf optique. D'après les essais menés sur des volontaires, les images obtenues seraient floues, mais en couleurs, à même de restituer quelques formes.

Un autre appareillage en cours d'évaluation, pour l'instant sans succès, est la rétine artificielle. Un capteur semblable à celui des appareils photo numériques est branché sur le nerf optique, sur la rétine ou directement sur le cortex visuel. Les informations sont recueillies par une petite caméra qui les lui envoie par ondes radio. Le problème fondamental de tous ces appareils est leur alimentation électrique : nul ne sait encore si la puissance et les fréquences des courants ne sont pas susceptibles de léser la rétine, le nerf optique ou le cerveau.

Un moyen alternatif de restaurer la vue des aveugles consiste à réparer la partie lésée ou déficiente du globe oculaire. Début 2007, une équipe britannique a tenté, pour la première fois, une thérapie génique des yeux mise au point un an auparavant par une équipe française. Cette technique complexe consiste à injecter dans l'humeur vitrée un gène, le RPE65, dont la mutation est considérée comme responsable d'une forme de l'amaurose congénitale de Leber. Dans cette maladie, qui conduit à la cécité, les cônes et les bâtonnets (les cellules responsables de la vision sur la rétine) communiquent mal ou plus du tout avec le tissu sous-jacent de la rétine. Le signal chimique fabriqué par les cellules pigmentaires est traduit dans ce tissu en signal électrique compréhensible par le cerveau. Après l'injection, le gène se pose sur la rétine où, en principe, il doit s'exprimer.

Les premiers tests menés sur de jeunes chiens (âgés de 8 à 11 mois) ont a priori été concluants : aveuglés artificiellement, ils purent recouvrer tout ou partie de leur vue. D'autres maladies de la rétine à évolution lente, telles que l'achromatopsie congénitale et la maladie de Best, seraient concernées par une thérapie génique de ce type.

Un autre essai de thérapie génique cible le gène BCL-2, qui régule l'« apoptose », ou mort cellulaire programmée. C'est là un processus naturel qui empêche les cellules de trop se diviser. Or, le gène est naturellement non fonctionnel au niveau de la papille optique, une zone très fragile constituant la jonction entre rétine et nerf optique. À cet endroit, les cellules ne peuvent donc jamais se renouveler : sitôt divisées, sitôt « suicidées ». Mais, en introduisant à l'intérieur une version fonctionnelle du gène, on peut supposer que celui-ci saura autoriser quelques divisions.

Les premiers tests réalisés sur le rat semblent concluants : les fibres nerveuses lésées se sont reconstituées, mais rien n'a pu démontrer qu'elles étaient capables d'assurer leur fonction. Rien ne dit non plus que les cellules libérées de la sorte ne vont pas se multiplier sans contrôle, formant alors une tumeur.

Une équipe américaine a également testé une technique utilisant les cellules souches. Plus exactement, ce procédé porte sur les cellules progénitrices, qui sont des cellules souches à un stade de développement supérieur : elles ont déjà reçu leur « feuille de route » pour devenir des cellules de rétine, mais n'ont pas encore entamé leur transformation. En injectant à des souris aveugles les cellules progénitrices qui, chez l'embryon, se différencient en cônes ou en bâtonnets, les chercheurs sont parvenus à faire renaître un signal électrique au niveau de leur rétine. Ce n'est pas encore la vue, certes, mais c'est un premier élément indispensable pour la recouvrer.

Les yeux peuvent-ils sortir de leurs orbites ?

L'histoire de la Révolution française déborde de descriptions de scènes de lynchage au cours desquelles, traumatisés par les coups, les yeux des victimes étaient éjectés de leurs orbites. Le pire, sans doute, est que ces personnes voyaient encore. Un œil désorbité continue de fonctionner tant que le nerf optique n'est ni lésé ni comprimé, pour peu que le globe oculaire, faute de paupières le protégeant et le lubrifiant (voir p. 123), ne soit pas sec, et qu'aucune infection ne soit apparue... Il est même tout à fait possible, par une intervention chirurgicale, de remettre les yeux en place.

Les yeux sont sphériques, donc relativement compressibles et malléables. Fort heureusement, ils restent bien accrochés. Pour les déloger, il faut vraiment frapper fort ou procéder chirurgicalement en insérant des sortes de languettes dans les orbites.

L'exophtalmie, désorbitation partielle, est plus courante. L'œil est en saillie devant son orbite. Il peut être plus gros que la normale, signalant une affection d'origine embryonnaire ou une myopie importante qui se traduit parfois par une augmentation du volume des yeux. Ou bien le patient peut être atteint d'un certain dysfonctionnement de la glande thyroïde, la maladie de Basedow. En ce cas, l'ensemble des tissus et des muscles installés derrière les globes oculaires est congestionné ou œdémateux. Gonflées, les paupières ressemblent à des bourrelets.

Une sinusite aggravée peut elle aussi entraîner une exophtalmie en engendrant un abcès derrière les orbites. Les ecchymoses et hémorragies de la région oculaire peuvent également être la cause de « protrusion » (sortie des yeux), de même que les fractures de l'orbite ou des os de la joue, pour les mêmes raisons : c'est l'hématome conséquent à la fracture qui fait sortir l'œil, pas la fracture elle-même. Enfin, kystes et tumeurs des paupières, des cavités orbitaires et des tissus de l'œil sont aussi susceptibles de déclarer une exophtalmie.

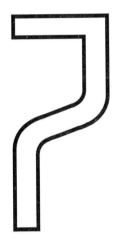

La bouche
et les dents

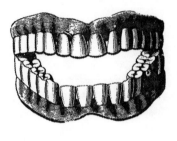

Certains adultes ont-ils plus de 32 dents? *Les dents de sagesse sont-elles utiles?* Pourquoi une peur soudaine supprime-t-elle le hoquet? *Pourquoi n'entend-on plus quand on bâille?* Les femmes ont-elles une pomme d'Adam? *Que ressent-on lorsqu'on mord dans une feuille d'aluminium?*

Certains adultes ont-ils plus de 32 dents ?

Une portion infime d'adultes, entre 0,1 % et 3,6 %, ont plus de 32 dents. Pas beaucoup plus, d'ailleurs : souvent, l'hyperodontie, ou polydontie, se résume à une dent supplémentaire, très discrète. Il n'y a souvent que le dentiste pour s'en apercevoir.

Les dents apparaissent dès l'âge de 6 mois, à partir de bourgeons qui surviennent vers le 44e jour de la vie embryonnaire. À ce stade, alors que le futur nouveau-né ne mesure pas plus de 1,8 cm, un épithélium se développe parallèlement aux lèvres, en arrière de celles-ci. À 10 semaines, ce tissu, une « lame » en langage embryologique, s'invagine. Chaque poche formée donne le bourgeon d'une dent de lait. Légèrement en arrière des premiers, 6 semaines plus tard, d'autres bourgeons percent, qui donneront naissance aux dents définitives.

La mise en place de ces ébauches dentaires est le fait de gènes homéotiques (voir p. 48, 78), dont on ne possède toujours ni la carte précise ni le dialogue mutuel. L'un de ces gènes, MX-1, est toutefois bien connu. Comme tous les gènes homéotiques, il est présent chez l'ensemble des animaux. Il désigne – mais il n'est sûrement pas le seul – les régions de l'embryon qui deviendront les mâchoires, la bouche et les dents. Chez les oiseaux, il est réprimé au moment où il devrait indiquer l'emplacement des bourgeons dentaires. On le sait avec certitude car, en laboratoire, il est facile d'activer ce gène au moment opportun : le poussin cobaye naît alors avec des dents dans le bec. Les poules peuvent donc avoir des dents, pour peu qu'elles viennent au monde en labo!

Chez l'homme, une mutation du MX-1 entraîne des défauts au niveau des mâchoires, ainsi que des agénésies (anomalies de développement des organes), en l'occurrence des défauts dans la formule dentaire. On constate par exemple des dents en plus (polydontie), en moins (hypodontie), très rares (oligodontie), voire inexistantes (adontie). Chez le jeune enfant, une radiothérapie peut détruire des bourgeons dentaires et priver le préadolescent d'une ou plusieurs dents, sinon de toutes, mais elle peut aussi bien générer plusieurs poussées par bourgeon: au cours de la période où les dents définitives se mettent en place (entre 6 et 13 ans), deux ou trois dents peuvent sortir en même temps au même endroit, et même repousser si on les ôte.

En règle générale, l'hypodontie concerne moins de six dents, en majorité les deuxièmes prémolaires et les incisives latérales supérieures. Nettement moins bénigne, l'oligodontie s'établit au-delà de six dents manquantes. La pollution est de plus en plus souvent incriminée dans les problèmes dentaires d'origine embryonnaire. Il est en effet connu que l'action de certains solvants organiques – les éthers de glycol de la série E – bouleverse la mise en place des ébauches d'organes au cours des premières semaines de la vie fœtale.

Certains évolutionnistes (voir p. 58, 71, 116, 144) voient un signe de modernité génétique dans une mâchoire hypodontique. À leurs yeux, en effet, une mâchoire munie de trop de dents serait la preuve d'une involution, comme un rappel régressif d'un gène hérité des premiers mammifères, qui disposaient en effet de bien plus de dents.

Les dents de sagesse sont-elles utiles ?

Certaines dents poussent, alors que toutes les autres sont déjà là. Ces dents sont volumineuses, bien ancrées, et l'on a peur de devoir les enlever un jour : ce sont les dents de sagesse. Au nombre maximal de quatre, elles ont été conçues durant l'enfance mais n'espèrent se faire une place qu'à l'âge adulte. Une mâchoire normale est formée de 14 dents, plus 2 dents de sagesse. De l'avant vers l'arrière, on trouve 4 incisives, puis, de chaque côté, 2 canines, 2 prémolaires et 2 molaires. Les premières servent à couper (elles sont très développées chez les rongeurs), les deuxièmes à déchiqueter (l'arme fatale des félins), les troisièmes et dernières à broyer (ce sont les dents typiques des herbivores). Le fond de chaque mâchoire porte enfin 2 dents de sagesse, 2 molaires également.

Les 28 dents « normales » formant la dentition apparaissent progressivement entre 6 et 13 ans, en lieu et place des 20 dents de lait sorties entre 6 mois et 3 ans. Surgissent d'abord les premières molaires et incisives, puis les prémolaires et les canines, les secondes molaires perçant en dernier (vers 12 ans). Les dents de sagesse, les dernières molaires, ne se font sentir que bien plus tard. Le dentiste en observe le sommet vers 8-10 ans. La langue peut se promener à leur surface deux ans plus tard. Les racines ont terminé leur croissance à la majorité. Libre ensuite à elles de sortir : si elles ont de la place, cela se fera gentiment. La mâchoire adulte sera alors achevée avec sa formule définitive (32 dents : 16 en haut, 16 en bas). Mais, si la place est étroite, ces grosses dents vont pousser jusqu'à faire mal, voire menacer les os de la mâchoire, en particulier ceux de la mandibule inférieure. Une intervention chirurgicale est alors nécessaire. Peu douloureuse, elle n'en demeure pas moins surprenante, tant le chirurgien-dentiste doit déployer d'efforts pour arracher ces monstres. Au fil des générations, on note toutefois que les dents de sagesse ont tendance à disparaître. Est-ce là une évolution génétiquement programmée ou une adaptation à une alimentation nécessitant moins de broyage? Les hypothèses des évolutionnistes (voir p. 58, 71, 116, 142) vont bon train. Ces spécialistes hasardent l'explication suivante : les dents de sagesse, nos troisièmes molaires, étaient requises quand nous mangions de la viande crue et des racines. De nos jours, elles seraient devenues parfaitement inutiles. En outre, depuis une ou deux générations, notre mâchoire serait plus fine et courte que celle de nos ancêtres, dont la denture robuste imposait des mandibules solides.

Ce sont là de bien étranges conjectures, en vérité, car non seulement aucune donnée statistiquement fiable n'est jamais venue étayer ces observations morphologiques (tant sur l'évolution de la forme de la mâchoire que sur la présence de dents de sagesse), mais le temps les contredit : cela fait une trentaine de millions d'années que la formule dentaire à 32 dents existe chez tous les primates. On ne voit pas bien comment elle aurait commencé à diminuer subitement en une trentaine d'années!

Pourquoi une peur soudaine supprime-t-elle le hoquet?

Le hoquet est une manifestation involontaire du système nerveux végétatif qui exprime ainsi son irritation. Ce phénomène étant d'origine nerveuse, une peur soudaine détourne en quelque sorte l'attention des nerfs.

Le plancher de la cage thoracique contenant les poumons est constitué par le diaphragme. Celui-ci est relié au système nerveux végétatif par le nerf phrénique, qui part de la moelle épinière. Lors de l'inspiration, ce nerf commande au diaphragme de se contracter. Cela provoque son abaissement. Le volume de la cage thoracique augmente. Comme dans un soufflet de forge, une dépression apparaît. Elle est maintenue et accentuée par la contraction des muscles intercostaux.

L'inspiration est un acte volontaire : il faut une action nerveuse pour la provoquer. À l'inverse, l'expiration intervient mécaniquement par le relâchement inéluctable des muscles qui se sont contractés. Le hoquet se déclenche parce que le nerf phrénique envoie des informations répétées au diaphragme, qui dès lors se contracte spasmodiquement. Ce ne serait pas foncièrement désagréable si la glotte ne se fermait à chaque contraction. Bloquée à ce niveau, l'arrivée d'air se signale avec ce bruit si caractéristique du hoquet.

Ce sont ces deux étapes simultanées qui rendent le hoquet embêtant. Pourquoi le nerf phrénique s'irrite-t-il de la sorte ? Parce que le nerf vague (voir p. 27, 100), reliant également le diaphragme au système nerveux végétatif, a informé celui-ci d'un mauvais fonctionnement ou, par exemple, d'une pression trop forte de l'estomac. Et avoir le ventre rond n'aide pas à contrecarrer le hoquet !

Comment y mettre fin ? Il faut se faire peur ! Le seul fait de détourner l'attention suffit parfois à remettre, pour ainsi dire, le système neurovégétatif à zéro : le nerf phrénique oublie son irritation parce qu'il a été mobilisé pour la mise en alerte de l'organisme. On peut aussi le solliciter directement en appuyant fortement entre les troisième et cinquième vertèbres cervicales, zone d'où part le hoquet. Ce point névralgique se situe entre les clavicules. Tout aussi efficace est de retenir sa respiration ou de haleter. Cela a pour effet d'augmenter artificiellement le taux de CO_2 dans le sang. Le système nerveux reprend alors le cours normal des contractions du diaphragme afin d'améliorer l'alimentation en oxygène. Sinon, se résoudre à boire d'un trait un grand verre d'eau, tirer la langue, avaler du pain sec ou un morceau de sucre imbibé de vinaigre...

Si le hoquet persiste plus de deux jours, il faut consulter : le nerf phrénique est peut-être comprimé par un hématome, une cervicale déplacée, un kyste, une tumeur, ou simplement abîmé par une légère lésion. Aussi bien, le diaphragme peut être gêné dans ses mouvements par un gros ventre (les femmes enceintes hoquettent beaucoup !) ou une affection respiratoire (pleurésie, pneumonie). Le hoquet permanent peut aussi être le signe d'une infection virale du cerveau (encéphalopathie), du péricarde (la membrane qui emballe le cœur) ou d'une lésion superficielle de la moelle épinière. Le hoquet, en définitive, est un excellent outil de diagnostic.

Pourquoi n'entend-on plus quand on bâille ?

La sensation de bien-être procurée par le bâillement est souvent gâchée par l'impression de ne plus rien entendre. Dans un avion, les hôtesses – que l'on n'écoute jamais assez – invitent les passagers à bâiller en cas de douleur au niveau des tympans. Quel rapport existe-t-il entre le fait de bâiller et celui d'avoir mal (ou de n'avoir plus mal !) aux oreilles ?

La tête est un organe plutôt creux, formé de cavités reliées entre elles afin d'équilibrer les pressions différentes qui y règnent. L'évolution a ménagé ces cavités chez tous les vertébrés pour alléger les crânes, si lourds à porter pour les fragiles colonnes vertébrales. Le mal aux oreilles que l'on ressent quand l'avion chute dans un trou d'air, lorsque la voiture entre dans un tunnel ou que l'on plonge vers le fond de la mer signifie que le tympan est soumis à une augmentation de la pression. Cette membrane est la peau de tambour de nos oreilles. En vibrant, elle permet à tout un système d'encoder les vibrations de l'air – qui donnent les sons – en impulsions électriques que le cerveau analyse. Quand l'air le comprime, le tympan s'incurve vers l'intérieur. Mais il ne peut rester indéfiniment dans cette posture, qui ne lui est pas naturelle. Autrement, il deviendrait douloureux et risquerait de se déchirer.

Pour remettre le tympan en place, bien droit, il suffit d'augmenter la pression de l'air de l'autre côté. Cet équilibrage s'effectue en injectant une toute petite partie de l'air aspiré – à la pression ambiante – dans un conduit, la trompe d'Eustache, qui débouche sur la face intérieure du tympan. Ce tube prend naissance au sommet des fosses nasales. Or, lorsqu'on bâille, le mouvement vers le haut de la mâchoire force leur ouverture (à l'inverse, un rhume les bouche). De l'air est conduit en force contre le tympan (il se produit la même chose quand on se mouche), qui s'incurve vers l'extérieur.

Dans le cas d'une pression moins élevée à l'extérieur, dans une cabine d'avion par exemple, c'est le contraire qui se produit : le tympan, aspiré, est incurvé vers l'extérieur. En injectant de l'air dans l'oreille moyenne par la trompe d'Eustache, on égalise les pressions régnant sur les faces interne et externe de la membrane, et tout rentre dans l'ordre. Quel que soit le mouvement, il est douloureux, et provoque une chute de l'audition de l'ordre de 15 à 20 décibels, ce qui est beaucoup. En avion, en auto ou en plongée, ce mouvement est salutaire car il permet d'équilibrer la pression entre l'extérieur et l'intérieur de l'oreille.

Mais pourquoi bâille-t-on ? Est-ce d'ennui, par manque de sommeil, ou parce que le cerveau a soudainement besoin d'augmenter son oxygénation ? Aussi familier qu'il paraisse, le bâillement est un phénomène assez complexe. On bâille parce que le corps veut nous avertir d'un possible changement de l'état de vigilance. Le système nerveux végétatif nous informe que nous allons devoir changer d'attitude. Il nous « secoue », en quelque sorte, parce que nous ne nous sommes pas – encore – rendu compte de l'évolution des besoins de notre organisme. Notre corps nous indique, en bâillant, qu'il faudrait envisager d'aller se coucher ou, au contraire, de sortir du lit, de manger ou de cesser de manger, ou encore de changer d'activité.

Le bâillement est un réflexe qui a cours, ou presque, depuis qu'il existe des vertébrés. Tous les animaux charpentés par un squelette interne bâillent, sans exception. Incontrôlable, le bâillement provoque une sorte de dilatation générale du corps. La bouche, le cou, les poumons, la face, tout s'ouvre. Les glandes lacrymales, comprimées, laissent s'échapper quelques gouttes. La bouche, momentanément hors contrôle, abandonne un peu de salive. Les muscles antagonistes qui la commandent, à la fois ceux qui la ferment et ceux qui l'ouvrent, sont excités en même temps : on risque la luxation. Le pharynx quadruple sa « lumière » (son ouverture) : l'air entre en masse, mais ce n'est là qu'une conséquence du bâillement, et point le but recherché. Puis le corps tout entier s'étire. On tend ses muscles, souvent en se manifestant bruyamment. On se sent mieux et, sans le vouloir, on est redevenu plus vigilant. Curieusement, les centres nerveux à l'origine de ce phénomène (tronc cérébral, hypothalamus et hippocampe) et les hormones mises en jeu (dopamine, ocytocine, acétylcholine) sont également impliqués dans la succion chez le fœtus.

Quant au caractère communicatif du bâillement, bien réel, il s'explique au niveau neuronal par une activation du lobe frontal, impliqué dans la sociabilité. Comme chez les grands singes, dont nous sommes, le bâillement serait un acte social permettant de jauger l'empathie à l'égard des autres. Les primates ont pour caractéristique évolutive dominante la capacité à s'exprimer par les mimiques faciales. Le bâillement doit donc être considéré comme un signe avertissant d'un changement d'émotion, diversement interprétable : l'autre peut se mettre lui-même en situation de vigilance en bâillant à son tour, ou, au contraire, se contenir en signe de méfiance. L'absence de bâillement serait alors le signe d'un manque d'empathie ou d'une grande méfiance vis-à-vis de ses congénères. À l'inverse, bâiller en groupe pourrait être interprété comme un moyen de mettre l'ensemble du groupe en état de vigilance. Cette stratégie sociale de survie viendrait donc de la nuit des temps...

Les femmes ont-elles une pomme d'Adam ?

Quoiqu'elle soit restée en travers de la gorge du premier homme, la fameuse pomme n'en obstrue pas moins celle des femmes... Ève n'a-t-elle pas aussi croqué au fruit défendu ? S'il semble que les femmes ne possèdent pas cette saillie disgracieuse au milieu de la gorge, c'est simplement qu'elle est plus discrète.

La pomme d'Adam est la partie visible d'une vulgaire pièce cartilagineuse qui, avec trois autres éléments, forme le larynx. Entre le pharynx et la trachée, le larynx, ni dur ni mou, comme un tuyau de douche, sert essentiellement à la « phonation », c'est-à-dire à parler : il protège les cordes vocales. L'épiglotte qui le ferme au niveau du pharynx lui donne également le rôle d'aiguilleur entre la respiration et l'alimentation. Quand on avale (déglutition), l'épiglotte, attachée au sommet du cartilage thyroïde, bascule vers l'arrière pour fermer la trachée, orientant ainsi les aliments vers l'œsophage.

Le « cartilage thyroïde » est constitué de deux parties, ou « lames », associées comme le sont les deux éléments d'une couverture de livre. La charnière, le dos du livre, est ce que l'on voit saillir sur la gorge. C'est la pomme d'Adam. Chez les garçons, elle est nettement plus visible parce que la testostérone engage à la fois un développement plus important du cartilage thyroïde et une angulation plus prononcée : 90° chez l'homme, 120° chez la femme. Le « livre » est presque posé à plat chez celle-ci. Qui plus est, il est enrobé par un bourrelet graisseux dont ne bénéficient pas les hommes.

La forme curieuse de ce morceau de cartilage laisse à penser qu'elle implique une fonction particulière. On voit la pomme d'Adam se soulever lors de la déglutition :

aurait-elle un rôle dans cette fonction essentielle ? Non. Comme souvent, il ne faut pas confondre cause et conséquence. La déglutition fait se soulever la pomme parce que tout le larynx est entraîné dans ce mouvement. Il faut plutôt se pencher sur cette structure en livre ouvert. La saillie vers l'extérieur indique un rôle de bouclier. Sous la pomme d'Adam se trouve en effet la glande thyroïde, qu'elle protège des agressions mécaniques venues de l'extérieur. Or, cette glande énorme est indispensable à la mise en place des tissus chez l'embryon, aux transformations de l'adolescence et au maintien de l'équilibre interne de l'organisme.

Que ressent-on lorsqu'on mord dans une feuille d'aluminium ?

Cette sensation électrique n'affecte que les personnes pourvues de dents plombées. Au contact d'une feuille d'aluminium, la bouche réagit comme une pile. Bien connu des propriétaires de bateaux à coque métallique, ce phénomène porte un nom : l'électrolyse.

Mais, dira-t-on, les plombages ne comportent pas de plomb ! C'est leur aspect grisâtre qui les a fait baptiser ainsi. Qu'y trouve-t-on ? Beaucoup de mercure liquide (50 % en masse) – lequel embarrasse les médecins de santé publique –, une poudre chargée de solidifier les métaux, un peu de zinc, du cuivre (jusqu'à 6 %), de l'étain (25-27 %) et surtout de l'argent (67-74 %). Ce sont ces métaux que le dentiste place dans les cavités nettoyées de nos dents cariées. Ils baignent dans une bouche constamment humidifiée par une salive salée. Or, l'aluminium est un autre métal. Un métal ici, des métaux là, et un milieu salé : voici réinventée la pile du chimiste Volta, premier générateur électrique de l'histoire.

L'aluminium constitue un pôle ; les plombages, un autre. La salive sert d'« électrolyte », de fluide conducteur d'électrons entre les deux pôles. Au contact de l'eau de la bouche, l'aluminium s'oxyde. Chaque atome perd trois électrons. Ainsi, la feuille d'aluminium diffuse des électrons : elle est le pôle négatif. Les plombages les récupèrent. Leurs métaux sont « réduits » par ces électrons : ils forment le pôle positif de la pile.

Pour corser le tout, au sein de chaque plombage, le microcourant créé par l'aluminium augmente les courants naturels entre les différents métaux, chaque plombage fonctionnant lui-même comme une pile. En effet, l'étain s'oxyde au contact de l'argent. Le courant est toutefois d'intensité trop faible pour qu'on le ressente, mais il augmente si le plombage est mal constitué et, avec l'âge, à mesure que les amalgames installés dans la bouche se font plus nombreux. L'électrolyse naturelle est alors maximale et induit dans l'organisme une libération de mercure, à des doses fort heureusement non pathogènes. Le risque de contamination au mercure, en revanche, est réel dans les cabinets dentaires, et peuvent mettre en péril la santé des dentistes qui s'y exposent à doses répétées.

Le courant généré par la pile aluminium/plombage est responsable de cette étrange et très désagréable sensation de chaleur et de picotement sous les dents. En maintenant le courant au sein de la bouche, l'aluminium libère toujours plus d'électrons qui entretiennent le courant, lequel stimule l'électrolyse, laquelle use les plombages... Mais avouons qu'il faut être masochiste pour mâchouiller de bon cœur une feuille d'aluminium ! D'autres métaux sont susceptibles de déclencher des sensations identiques. Il suffit que leur potentiel électrique soit inférieur à celui de l'argent ou de l'étain ; autrement dit, qu'ils soient des donneurs d'électrons.

Les oreilles

À quoi sert le cérumen ? *Pourquoi ne reconnaît-on pas sa voix sur un enregistrement ?* Pourquoi les oreilles sifflent-elles après avoir été soumises à un son puissant ? *Pourquoi les personnes âgées ont-elles des poils dans les oreilles ?* L'oreille absolue est-elle innée ? *Doit-on se tourner vers une source sonore pour la capter ?* Van Gogh est-il devenu sourd après s'être coupé l'oreille ? *Certaines langues prédisposent-elles à en parler d'autres ?*

À quoi sert le cérumen ?

N'en déplaise à Shrek, le cérumen ne sert pas à fabriquer des bougies ! Le cérumen est une sécrétion naturelle qui protège le conduit interne de l'oreille. C'est par ce conduit que le pavillon fait remonter les sons jusqu'au tympan. Sur cette matière collante s'accrochent les poussières, les bactéries, les champignons, des poils et des particules de peau qui, sinon, viendraient embarrasser l'oreille. Il possède également une autre fonction : lubrifier le conduit. Cette fonction est si efficace que certains s'appliquent le cérumen sur les lèvres ! Même si on n'a guère de certitudes en la matière, il n'est pas impossible que le pH relativement acide du cérumen et la présence dans sa composition du lysozyme [voir p. 20, 123] (une enzyme également présente dans les larmes, la salive, le liquide céphalorachidien) participent aussi d'une action antimicrobienne directe.

Tous ces bienfaits sont dus à la composition très grasse du cérumen. Près de 2 000 glandes sébacées (elles produisent du sébum) et apocrines (sueur et odeurs corporelles) concourant à le fabriquer, le cérumen est un mélange hétéroclite de glycérides (des lipides simples) et de lipides complexes (dont le cholestérol). On y trouve aussi des sucres, des acides aminés (les briques élémentaires des protéines), des hydrocarbures aromatiques (pour l'odeur), du collagène (la peau) et de la kératine (cheveux).

Avec tant d'éléments divers, rien d'étonnant que la couleur et la texture du cérumen varient au fil du temps, d'autant que les sécrétions des glandes en question sont sous commande hormonale, elle-même intimement liée à la commande nerveuse de l'organisme. Ainsi, l'humeur, le stress ou la joie influencent la qualité du cérumen. L'hygiène, aussi : moins on se nettoie le pavillon des oreilles, plus de poils et de peaux vont s'accumuler à l'entrée puis dans le conduit auditif, où le train régulier du cérumen les agglomérera en une masse sombre. Car le cérumen bouge. Les petits poils tapissant le conduit auditif, le font avancer à un train de sénateur, comme des milliers de bras soulevant une masse. Les mouvements de la mâchoire, répercutés sur le conduit, accélèrent le transit. Mal utilisé, le coton-tige peut y contrevenir : il faut élargir le conduit en tirant sur le pavillon de l'oreille afin de pouvoir faire tourner le coton, et surtout pas l'enfoncer !

Les généticiens ont sans doute fait usage de nombreux paquets de coton-tige, car ils ont beaucoup travaillé sur le cérumen. Non pas tant pour savoir quel(s) gène(s) s'occupe(nt) de la production de la cire, mais pour tenter de comprendre pourquoi certaines populations humaines fabriquent du cérumen sec, et d'autres, du cérumen humide. Les premières sont originaires de la région orientale de l'Asie ; les secondes, des aires européennes et africaines.

En 2002, une équipe japonaise a peut-être soulevé un coin du voile. Après avoir identifié une famille au sein de laquelle certains individus produisaient un cérumen liquide, elle est parvenue à isoler un gène particulier. Baptisé ABCC11, ce gène est localisé sur le chromosome 16, plus exactement, « entre les *loci* D16S3093 et D16S3080 au niveau de la région péricentromérique 16p11.3-16q12.1 ». Les publications scientifiques sont précises ! Chez les sujets « normaux » de la famille étudiée, ceux qui fabriquent – comme tous les Asiatiques – du cérumen sec, ce gène était muté. Chez les autres, non. Cela signifie que la différence de la texture du cérumen entre peuples d'Asie, d'Europe et d'Afrique repose sur une mutation qui a, chez les premiers, été « validée » par l'évolution. Certains analysent déjà ces résultats comme la preuve de l'existence des races. Comme quoi, même un amas de cérumen suffit à ranimer de vieilles lubies...

Pourquoi ne reconnaît-on pas sa voix sur un enregistrement ?

Il n'y a pas un homme ou une femme sur cette planète qui reconnaisse sa voix enregistrée. Le sexe, la culture, la couleur de peau, l'ethnie, la patrie, rien n'y fait : l'être humain ne s'entend pas lorsqu'il s'écoute ! La raison en est assez simple : nous percevons les sons que nos cordes vocales émettent à la fois depuis l'extérieur et l'intérieur de nos oreilles. En revanche, nous entendons les sons prononcés par d'autres ou ceux enregistrés prononcés par nous-mêmes (ce qui revient au même), uniquement comme des bruits extérieurs.

Mais, au juste, comment percevons-nous le son ? Par les oreilles, certes, mais son cheminement n'est pas indifférent. Tout d'abord, la partie visible des oreilles, le pavillon, récupère les vibrations sonores. Il les isole, les conduit dans l'organe auditif. Il les amplifie un peu. Les vibrations de l'air passent grâce à lui dans le conduit auditif externe. Elles se transmettent ensuite au tympan. Simple membrane, celui-ci réagit à la sollicitation comme la peau de tambour à la baguette. Il vibre et, ce faisant, sollicite à son tour un système d'osselets.

Nous étions dans l'oreille externe, nous voici maintenant dans l'oreille moyenne. En contact avec le tympan, le marteau fait office de premier osselet. Quand le tympan oscille un peu vers l'intérieur, il se soulève ; quand le tympan se balance vers l'extérieur, il s'abaisse. Chaque fois, le marteau imprime son mouvement à l'enclume, le second osselet, lequel démultiplie le même mouvement pour mettre en branle le troisième osselet, l'étrier.

Ces trois osselets jouent un rôle de transformateur : grâce à eux, le son, qui n'était qu'une ondulation de l'air dans l'oreille moyenne, devient une ondulation mécanique, un code. Lequel va être transformé en impulsions électriques par l'oreille interne. Celle-ci démarre par un second tympan, la fenêtre ovale, sur laquelle frappe l'étrier. Derrière elle, loge un long tube enroulé en spirale, en « limaçon », empli d'un liquide (dérivé de la lymphe) de pression moyenne, et divisé en trois « sous-tubes » : la cochlée. Chaque mouvement de l'étrier, amplifié par la fenêtre ovale, déplace du liquide dans la cochlée. Ces mouvements induisent des différences de pression que captent deux types de cellules sensorielles ciliées (elles portent des cils qui bougent sous l'effet de la pression du liquide). Les unes sont sensibles à des gammes de fréquence différentes, les autres amplifient les informations qu'elles envoient à l'organe sensoriel centralisateur, l'organe de Corti, en communication avec le cerveau par le nerf auditif. Et c'est ainsi que le son, simple mouvement d'air, une première fois transformé en énergie mécanique, est codé en impulsions électriques compréhensibles par le cerveau.

Cette rapide description permet de comprendre que le son peut être facilement perturbé. Les os conduisent fort bien le moindre bruit, tout comme le liquide sous pression de la cochlée. Voilà pourquoi on entend véritablement les sons de son propre corps. Quand on se figure « entendre la mer », par exemple, en collant son oreille dans le creux d'une coquille de mollusque, en fait, ce sont les battements de son propre cœur que l'on perçoit. Or, lorsque nos cordes vocales vibrent, elles émettent des basses fréquences qui font réagir tout ce qui peut trépider dans le corps. Les os de la tête, notamment, forment une caisse de résonance pour ceux de l'oreille moyenne et le liquide de l'oreille interne.

Dans le son de notre propre voix, il y a donc une part, prépondérante, captée par l'oreille externe, et une autre, directement perçue par les oreilles moyenne et interne – alors que le son venu d'un haut-parleur passe par le chemin habituel, depuis l'oreille externe...

Cette perception différente de notre voix n'est pas anodine : elle procède de la notion, capitale chez les grands singes, de la conscience de soi. C'est l'un des caractères qui nous différencient fondamentalement des autres animaux. En demandant à des sujets d'appuyer sur un bouton, d'abord de la main droite, puis de la main gauche, pour indiquer si le son qu'ils entendent est celui de leur voix, d'une voix familière ou d'une voix célèbre, on obtient un résultat étonnant : la plupart des gens appuient plus vite sur le bouton de la main gauche quand ils reconnaissent leur propre voix ! C'est le signe que la reconnaissance d'un son émanant de soi se trouve dans l'hémisphère droit, là où se situe également l'identification de sa propre image dans un moroir, une autre particularité des grands singes.

Pourquoi les oreilles sifflent-elles après avoir été soumises à un son puissant ?

Au-delà de 100 dB, le bruit est dangereux pour l'oreille. À titre de comparaison, une salle de classe agitée « émet » 70 dB, une piscine couverte vingt de plus, un concert rock 110 dB, et un avion de ligne au décollage atteint 130 dB. La durée d'exposition est déterminante : plus de quelques minutes, et une surdité temporaire, totale ou partielle, s'installe. Ensuite, des sifflements apparaissent. En termes oto-rhino-laryngologiques, ce sont des « acouphènes subjectifs ». Certes bien nommés, leur origine n'en demeure pas moins inconnue.

Sans doute, l'intensité trop élevée d'un bruit, lequel est transmis et amplifié par les osselets, augmente-t-elle de façon trop importante la pression du liquide emprisonné dans la cochlée. Les cils des cellules sensorielles seraient lésés, voire arrachés. Un bruit de fond apparaîtrait, gênant l'audition générale. Peut-être l'exposition à des pressions élevées sidère-t-elle, en quelque sorte, les cils, qui, pour s'en remettre, afin d'évacuer l'énergie acquise, battraient automatiquement durant quelques heures après l'arrêt de l'exposition au son. L'organe de Corti transmettrait alors un son – aigu en l'occurrence – au cerveau.

Selon une autre hypothèse, il se produirait une lésion au contact des cellules ciliées et des fibres nerveuses. Une autre encore estime que les cellules ciliées, surexcitées, libéreraient trop de glutamate – leur neurotransmetteur – qui, au-delà d'une certaine concentration, est toxique pour les cellules, qui en mourraient.

Si l'exposition n'est pas très souvent répétée, les sifflements disparaissent. Dans le cas contraire, les lésions, quelles qu'elles soient, s'additionnent et réduisent la qualité de l'audition. Le seuil minimal de perception des sons augmente, il faut demander aux autres de crier pour les entendre, ce qui n'arrange pas la situation. La surdité s'installe progressivement.

Toutefois, les acouphènes ont de multiples origines. Il est avéré que des problèmes circulatoires au sein de l'oreille, des lésions des osselets ou des muscles qui les « tiennent », des fractures des cavités osseuses où se situent l'oreille moyenne et interne, et même simplement un gros (très gros !) bouchon de cérumen, peuvent déclencher bourdonnements et sifflements. Le problème est qu'on peut les atténuer, mais rarement les stopper. Les 10 à 20 % de Français qui en sont affectés, surtout parmi les tranches d'âge au-delà de 40 ans, peuvent en témoigner. Ces personnes doivent s'habituer à leur sort, se découpler psychologiquement de ces bruits afin qu'ils ne génèrent pas un stress qui ne ferait qu'en accentuer la perception...

Pourquoi les personnes âgées ont-elles des poils dans les oreilles ?

Les vieux messieurs, surtout, affichent une pilosité importante dans les oreilles. La raison en est simple : les poils obéissent à une commande hormonale qui évolue avec l'âge. Nous naissons tous avec des poils sur le corps, apparus au cours de la vie embryonnaire. Ils couvrent les bras, les jambes, le dos, la tête et entourent les yeux (cils et sourcils). Ces poils forment à la naissance une sorte de duvet, le *lanugo*, qui tombe dans les tout premiers jours. Ils sont alors remplacés par un duvet réel, lui-même renouvelé au huitième mois, sur la tête, par des cheveux.

Que l'on soit homme ou femme, le « capital pileux » est identique. Il est fixé dès la naissance et diminue avec l'âge : 5 millions de poils potentiels (les follicules), pour l'essentiel, également répartis sur le corps (4 millions), le reste se concentrant sur la tête (de 800 000 à 900 000) et le sommet du crâne (de 100 000 à 200 000). Leur densité varie localement : 830 par cm² sur les joues, 520 sur le menton, 385 sur la lèvre supérieure, 300 au niveau du cou, 95 sur chaque avant-bras, 75 sur la poitrine, 70 pour le ventre, 65 pour les aisselles et le dos, 55 sur les cuisses, 45 pour les jambes.

Si les femmes semblent avoir moins de poils que les hommes, c'est parce qu'ils sont majoritairement moins longs et que les poils « visibles » sont localisés différemment. Cette divergence est due aux hormones sexuelles, qui stimulent certains follicules et en répriment d'autres. La réponse des follicules à la sollicitation hormonale est différente d'une région du corps à une autre et d'un sexe à l'autre. Or, l'hormone essentielle en la matière est la testostérone, laquelle est fabriquée à la fois par les glandes surrénales (au-dessus des reins) et par les testicules. Rien d'étonnant, donc, à ce que les femmes en aient moins et que, par conséquent, leurs follicules pileux soient moins sollicités que ceux des hommes.

Le front, les paupières, le pavillon des oreilles, le tronc et les bras n'acceptent que du duvet. En revanche, des poils un peu plus longs et pigmentés, les poils « intermédiaires », croissent sur les jambes, les avant-bras et le ventre. Sur le pubis, les aisselles et le cuir chevelu, le poil se fait piquant, long, épais et très pigmenté. Avec l'âge, les poils de taille médiane de la barbe, de la moustache et d'autres zones du corps deviennent de plus en plus gros.

C'est à la puberté que, pour l'essentiel, les poils apparaissent. Le pubis et les aisselles se couvrent et, chez les hommes, le bouleversement hormonal de cette période cruciale se traduit par le développement de la pilosité sur la poitrine, le visage (la barbe), le nez, les oreilles et... le nombril. La différence entre les sexes s'observe également à la longueur des poils pubiens et à ceux des cuisses, trois fois plus longs en moyenne que ceux d'une femme.

Avec l'âge, les équilibres hormonaux sont encore modifiés. Les femmes connaissent la ménopause. Leurs taux d'hormones féminines chutent, renforçant le taux relatif de la testostérone. Le duvet de la face évolue en poils intermédiaires, en particulier au-dessus de la lèvre supérieure et sur le menton. Les poils de l'avant-bras s'allongent, mais ceux qui couvrent le pubis tombent. Chez les hommes, c'est dans les oreilles que le changement est flagrant : le duvet pavillonnaire évolue en touffes de poils intermédiaires, puis en poils terminaux, longs, durs et difficiles à raser.

L'oreille absolue est-elle innée ?

L'oreille absolue est une réalité : quelques rares privilégiés sont capables d'identifier une note sans aucune référence. Contrairement à leurs collègues, les musiciens « absolus » n'ont pas besoin d'entendre le « la » du diapason pour régler leur capacité d'analyse et savoir jouer une note juste au tiers de ton près. Une part encore plus faible est capable, en outre, de rejouer ou de chanter la note entendue, dans le ton exact, ce qui les prédispose sans nul doute à une carrière de chef d'orchestre. Mais cela ne fait pas forcément d'eux des musiciens, l'oreille absolue ne dispensant pas d'apprendre la musique. La plasticité du cerveau est ainsi faite (voir p. 43, 88, 97) qu'une aptitude, un « don », génétiquement hérité, peut rester longtemps inconnu de celui ou celle qui en bénéficie s'il n'est pas révélé, puis exercé.

Des spécialistes de l'audition se sont bien sûr penchés sur l'oreille de tels musiciens, mais sans rien déceler de particulier. Toutefois, en soumettant ces mêmes musiciens à des dictées musicales, leurs collègues neurologues se sont aperçus qu'une zone particulièrement importante de leur cerveau était surtout sollicitée : le planum temporal.

Cette aire de la région temporale du cerveau est répartie sur les deux hémisphères. Les non-musiciens utilisent plutôt sa partie droite, tandis que les autres font appel à la gauche. Or, le planum temporal senestre a un rôle important dans le langage. Les musiciens, notamment ceux bénéficiant d'une oreille absolue, considéreraient donc la musique comme un langage. Il en irait de même des personnes qui ont très tôt reçu un enseignement musical, y compris celles qui ne l'ont pas poursuivi à l'âge adulte : leur planum gauche serait plus sollicité que le droit.

Le taux de matière grise (les fibres nerveuses reliant, entre autres, les différentes zones du cerveau entre elles) serait également, chez ces personnes, plus important dans l'aire de Broca, laquelle est fondamentale dans l'acquisition et la conservation du langage. En fait, toutes les zones encéphaliques intervenant dans le langage sont sollicitées par la musique. Les « oreilles absolues » disposeraient seulement d'une capacité d'excitation supérieure à la moyenne.

Il n'est guère étonnant que quelques études aient établi une plus grande occurrence de l'oreille absolue chez certains peuples : les Chinois (parlant le mandarin) et les Russes, identifiés par ces études, parlent en effet des langues dont les tons, pour les premiers, ainsi que la prosodie ou les accents toniques, sont signifiants au même titre que les mots et la grammaire.

Doit-on se tourner vers une source sonore pour la capter ?

On ne se tourne pas véritablement, mais on bouge tout de même un peu la tête, juste un peu. Les oreilles sont situées de chaque côté du corps. Comme la stéréo, elles offrent donc deux canaux d'écoute qui permettent d'identifier une source sonore.

Le cerveau analyse d'abord la localisation latérale, gauche/droite. Nous entendons les sons à 180° grâce à nos deux oreilles. Positionnées de chaque côté de la tête, leur distance crée un décalage dans la réception d'un même son. L'une reçoit les vibrations sonores un peu avant l'autre, ou (mais c'est souvent lié) un peu plus « fortes » (en décibels), la différence de perception étant de l'ordre de 7 dB ou de 0,7 ms. Le cerveau sait ainsi que cette oreille se trouve plus près de la source que l'autre.

L'identification latérale se base également sur le timbre du son. Cette notion subjective de qualité, qui n'a rien à voir avec la hauteur ou l'intensité du son, dépend des rebonds des vibrations sur les os du crâne. Le front, les arêtes du nez, les pommettes, la nuque, mais aussi les pavillons des oreilles, diffractent, réfléchissent et absorbent le son, lui donnant une « coloration » légèrement différente d'une oreille à l'autre, que le cerveau sait analyser.

Une source sonore peut se situer à gauche ou à droite, mais aussi en avant ou en arrière. Les différences en temps de réception ou en intensité sont infimes : que le son vienne de devant ou de derrière, il sera recueilli presque de la même façon par les deux oreilles. C'est parce qu'on tourne la tête après avoir identifié la position latérale d'une source sonore que nous savons, *in fine*, si elle se trouve devant ou derrière nous. La localisation en hauteur, en revanche, est plus difficile. Le cerveau se trompe souvent car la distinction entre le haut et le bas n'est pas le fait des oreilles, mais des os de notre squelette qui conduisent le son. Les épaules jouent également un rôle en amplifiant et en déformant légèrement les vibrations de l'air. Toutefois, comme pour la localisation avant/arrière, on doit vérifier d'où provient le son en tournant la tête.

Paradoxalement, la reconnaissance de l'éloignement d'une source est plus simple. Le cerveau sait l'évaluer en analysant l'intensité et la hauteur du son émis. Il sait aussi discriminer le son provenant directement de la source, une fois celle-ci localisée, de sa réverbération sur les reliefs, d'autant plus forte que la source est proche. Cela ne permet pas de mesurer précisément la distance qui nous sépare d'une source sonore, mais de savoir si elle est loin, et comment elle se positionne dans l'espace. Cela dit, nos performances sont très loin d'égaler celles des autres mammifères, en particulier le chien ou la chauve-souris, capables d'orienter délibérément leurs oreilles vers la source identifiée. Ces animaux ne tournent, eux, jamais la tête.

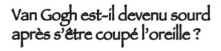

Van Gogh est-il devenu sourd après s'être coupé l'oreille ?

La veille de la Noël 1888, Vincent Van Gogh tenta de tuer Paul Gauguin dans un accès de rage. Honteux de son acte, le peintre se mutila volontairement, tranchant le pavillon de son oreille gauche. Psychologiquement affaibli, Van Gogh était atteint de la maladie de Ménière, une surpression permanente du liquide de la cochlée (voir p. 157, 159) qui génère des acouphènes constants, entrecoupés de périodes de vertiges intenses ou de surdité totale. Selon les malades, il y a parfois de quoi en devenir fou ! Qui plus est, le peintre des *Iris* buvait beaucoup d'absinthe, un alcool (titrant de 62 à 75° !) qui fit tant de dégâts dans la société française du XIXᵉ siècle qu'il fut interdit en 1915.

Pour autant, après s'être coupé l'oreille, Van Gogh entendait-il toujours ? Oui. Tant que l'air entre dans le conduit auditif, l'audition est effective. Toutefois, sans pavillon, le conduit se trouve sans protection contre le vent, la poussière ou les insectes. En réaction, il produit plus de cérumen qui, lui, peut gêner l'audition. Sans pavillon, l'intensité générale du son diminue de 15 à 20 dB. Le pavillon a aussi pour fonction d'amortir la hauteur des ondes sonores afin d'en augmenter la bande passante. La gamme de sons, entre aigus et graves, est ainsi élargie. Elle est en moyenne de 20 Hz (sons très graves) à 20 kHz (sons très aigus), et varie selon les individus et leur langue maternelle. Elle baisse avec l'âge.

Van Gogh n'est donc pas devenu sourd, mais il devait entendre bien mal ! Son conduit auditif gauche devait générer beaucoup de bruit de fond car il n'était plus protégé du vent. Sans doute véhiculait-il des ondes selon une bande passante plus étroite. La différence de perception avec l'oreille droite, intacte, devait par ailleurs le gêner dans la localisation des sons. Tout cela ne pouvait améliorer son état mental, ni lui faire oublier la maladie de Ménière. Mais qui sait si cela n'a pas exacerbé sa passion compulsive de la peinture ?

Certaines langues prédisposent-elles à en parler d'autres ?

L'oreille humaine capte les sons, à la naissance, selon une bande de fréquence qui va de 20 à quelque 20 000 Hz (voir p. 157). Pour ce qui les concerne, les langues sont parlées dans une bande passante moyenne allant de 300 à 3 000 Hz. Avec le temps, le cerveau focalise son attention sur cet intervalle ; si la langue n'est certes pas vitale, elle n'en permet pas moins de communiquer. Or, il n'y a pas deux langues identiques d'un point de vue acoustique.

Les spécialistes du son les discriminent selon leur bande passante respective. Celle du français est assez étroite : entre 1 000 et 2 000 HZ. L'anglais, plus large, s'étale entre 2 000 à 12 000 Hz, tandis que les langues slaves, le russe en particulier, battent tous les records en se situant entre 125 et 8 000 Hz. Nous n'avons donc pas tous la même oreille, parce que la langue que nous parlons influence directement sa qualité. Les Russes sont plus habitués à entendre des sons très graves et aigus parce qu'ils émettent, en parlant, des fréquences très basses ou très hautes. De même, les Anglais sont plus aptes à percevoir les sons très aigus qu'ils savent eux-mêmes émettre.

Habitués à la bande passante étroite de la langue française, nous avons du mal à discriminer spontanément toutes ces fréquences différentes, qui portent des phonèmes, des mots, des syllabes, des intonations que nous percevons mal, produisant un bruit de fond pénible. Nous les mélangeons, nous les confondons, parce que notre système auditif a peu de sensibilité dans ces gammes de fréquence. En revanche, les locuteurs slaves nous entendent parfaitement parce que leur gamme de fréquences audibles dépasse largement la nôtre. Sans nous comprendre, ils savent au moins repérer les formes sonores qui signent notre langue.

Aussi les Slaves sont-ils plus aptes que nous à apprendre une langue étrangère parce qu'elle s'imprime plus aisément dans leur cerveau. Voilà qui expliquerait notre notoire faiblesse nationale dans l'exercice et la connaissance de l'anglais, situé, si l'on ose dire, un ton trop haut. Mais nous avons plus de facilité pour l'italien et l'espagnol, deux langues dont la bande passante est comparable à la nôtre (de 200 à 4 000 Hz), sans compter que les vocabulaires sont aussi proches, ce qui aide, dans un second temps, à l'identification des sons entendus, reconnus et enregistrés.

Bien des facteurs concourent à ces différences de bande passante. L'un d'eux est environnemental. Le son, c'est de l'air, et l'air n'est pas le même partout. Pour preuve, les sons se déplacent plus vite et mieux dans un air sec que dans un air humide. Le vent influence grandement leur transmission, de même que la température qui fait « monter » ou descendre les sons. En raison de différences entre les conditions moyennes de température, de précipitations, de saisons, chaque région du monde aurait donc une « couleur » sonore particulière à laquelle l'homme ne pourrait que se plier. Il « faudrait » parler d'une certaine façon dans certaines aires, parce que les oreilles et les cordes vocales ont dû s'adapter à un air différent. Ainsi, il faudrait chanter au nord de la Méditerranée, nasaliser en Amérique du Nord, claquer la langue au sud de l'Afrique... Pure allégation, toutefois. Si le milieu joue, il n'est sûrement pas le seul facteur.

Dans la genèse des accents, dont la diversité est à proportion de celle des régions dans un pays comme la France, les facteurs culturels sont certainement prépondérants. Cette théorie est intéressante car elle révèle des pistes pédagogiques fertiles. Éduquer son oreille à la gamme de fréquences d'une langue étrangère avant de commencer à l'apprendre serait susceptible de faciliter son assimilation. Cela pourrait expliquer le nasonnement adopté par tout migrant qui s'installe en Amérique du Nord, quelle que soit sa langue maternelle originelle. À l'image des adaptateurs de prise de courant, des chercheurs envisagent même de mettre au point des prothèses auditives qui faciliteraient l'écoute du rythme, de la musique propre à toute langue.

9 La peau

Peut-on changer de couleur de peau ? *Peut-on naître noir de parents blancs ?* D'où viennent les verrues ? *Les Peaux-Rouges avaient-ils vraiment la peau rouge, et les Pictes, la peau bleue ?* Pourquoi dit-on « avoir une peur bleue » ? *Pourquoi a-t-on la peau plissée après un long bain ?* Pourquoi rougit-on quand on est gêné ? *Pourquoi certaines personnes âgées ont-elles si peu de rides ?*

Peut-on changer de couleur de peau ?

Si la couleur de la peau est génétiquement fixée (voir p. 129, 175), des procédés chimiques permettent de la modifier. Tout est fonction du changement de teinte attendu, et de sa durée. Si les produits utilisés sont tous, sans exception, toxiques sur le long terme, ils n'en font pas moins l'objet d'un commerce extraordinaire parmi les populations noires d'Île-de-France, des États-Unis et, de façon plus surprenante, du Sénégal et de la République démocratique du Congo (ex-Zaïre). Ces deux pays ont pourtant porté haut l'étendard de la négritude, avec Léopold Sédar Senghor (qui a inventé le concept) et le maréchal Mobutu.

Il est un fait que le système « coloriste » mis en place par les colonisateurs a perduré. Certaines femmes africaines souhaitent ainsi mettre au monde des enfants moins noirs, et suivent des traitements pour atténuer la teinte de leur peau. C'est qu'elles sont l'objet d'une véritable pression sociale : les hommes africains s'intéressant plus aux peaux claires, les femmes font ce qu'il faut pour leur plaire, victimes de ce « syndrome de la métisse ».

Sur les marchés africains et jusque dans les salons de coiffure franciliens, des mixtures plus ou moins légales sont proposées qui, étalées sur la peau, permettent de la blanchir. Toutes, ou presque, sont à base d'hydroquinone. Pour qui connaît un peu la chimie, la formulation de cette molécule fait frémir : c'est un dérivé du phénol, un produit lui-même obtenu à partir du benzène, qui est l'un des pires toxiques de l'ère de la chimie industrielle.

Réputé cancérigène, l'hydroquinone provoque immédiatement une irritation de la peau. Voilà pourquoi les dermatologues ne le proposent sous forme de pommades qu'à des doses comprises généralement entre 2 et 5 %. Cette prescription est destinée aux femmes enceintes qui ont développé le fameux « masque de grossesse », une surpigmentation locale due à une surproduction de mélanine, déclenchée par les hormones sexuelles féminines, les œstrogènes. L'hydroquinone agit directement sur les cellules qui justement synthétisent la mélanine : les mélanocytes. Celles-ci se trouvent dans les deux premières couches de la peau, l'épiderme et le derme. Leur présence est parfaitement identique que l'on soit africain ou suédois. Seule diffère la production de mélanine au sein de ces cellules : par rapport aux Blancs, elle est environ huit fois supérieure chez les Noirs, cinq fois chez les Asiatiques. Chez les Africains, la mélanine est également libérée plus « haut » dans la peau, dans les cellules de la kératine.

La synthèse de la mélanine est bloquée par l'entrée d'hydroquinone dans les mélanocytes. À hautes doses, la molécule détruit les mélanocytes. La dépigmentation devient définitive, mais elle n'est pas uniforme, ni même totale. Ses conséquences sont dramatiques : privée de mélanocytes, la peau ne peut plus faire face aux UV, elle vieillit plus vite, se ride et, surtout, est susceptible de développer des tumeurs. Avec le temps, elle s'atrophie et se déchire plus facilement. Enfin, elle est de plus en plus irritable. Les produits de substitution, comme l'acide kojique (un antibiotique synthétisé par des moisissures) ou l'acide azélaïque, ne sont ni plus efficaces ni beaucoup moins toxiques à long terme. Ces femmes désespérées d'être – trop – noires ont recours en dernier ressort au mercure et à l'eau de Javel...

Peut-on naître noir de parents blancs ?

C'est en effet génétiquement concevable, mais très peu probable dans les faits. Une centaine de gènes, pense-t-on, sont responsables de la coloration de la peau chez l'être humain, commandés sans doute par quelques-uns, dont un tout récemment découvert, « SLC24A5 ». C'est un gène étonnant, car ses deux allèles (voir p. 102, 129, 178) ne diffèrent que par un seul de leurs éléments constitutifs (les nucléotides) ! Habituellement, il en faut plus pour différencier la forme dominante de la version récessive d'un gène. Dans le cas de SLC24A5, le changement est encore plus minime au sein de la mélanine qui colore la peau : un acide aminé (la brique fondamentale des protéines), l'alanine, est transformé en un autre, la thréonine.

L'allèle dominant, codant pour l'alanine, est présent dans 93 % des génotypes africains, asiatiques, et chez les Indiens d'Amérique. En Europe, la forme thréonine concerne 98,7 % de la population. Elle serait apparue dans des populations anciennes d'Afrique du Nord et du Moyen-Orient, puis se serait stabilisée dans les populations européennes.

Rare, ce « polymorphisme mononucléotidique » semble fragile. En théorie, il suffirait d'inverser la mutation pour qu'un enfant noir naisse de parents blancs, et inversement. À l'aune de cette découverte récente, rien ne s'oppose à ce cas de figure. Cela pourrait expliquer les cas réguliers de naissance d'enfants noirs, ou blancs, au sein de familles métisses dans les colonies antillaises. Alors que le métissage s'accentuait de génération en génération, on a régulièrement observé qu'une teinte foncée pouvait sauter une ou deux générations pour « affliger » un enfant (car le schéma coloriste colonial plaçait le noir d'ébène en bas de l'échelle sociale). Quelques cas récents ont défrayé la chronique, sans pour autant être scientifiquement étayés. Il est en revanche avéré que des erreurs de manipulation dans des banques de sperme sont responsables de la naissance d'enfants blancs de père et mère stériles noirs. Et vice versa.

D'où viennent les verrues ?

Papovavirus : retenez ce nom ! C'est celui de la famille virale impliquée dans l'apparition des verrues. Celles-ci ne sont pas dues à un manque d'hygiène, contrairement à une idée reçue bien ancrée. Leur aspect peu flatteur dégoûte, et, puisque tout ce qui est repoussant est plus ou moins associé à la saleté... Les virus incriminés sont très exactement des *papillomavirus*. Certains font partie de la famille impliquée dans le cancer du col de l'utérus. Près de neuf femmes sur dix dans le monde ont été ou sont contaminées par ces « HPV » (*Human Papilloma Virus*). Le virus incriminé s'en va naturellement de lui-même, mais, s'il persiste plusieurs années, il peut déclencher ce cancer tristement notoire.

Les verrues sont loin de présenter les mêmes risques. Les médecins les classent parmi les tumeurs bénignes. Ce sont en effet des épaississements très localisés, dus à une multiplication cellulaire inaccoutumée à la jonction des deux premières couches de la peau, l'épiderme et le derme. Cette prolifération affecte les cellules dites « papillaires ». L'amas cellulaire ainsi formé bombe la surface de la peau, qui réagit en accroissant l'épaisseur de sa petite couche de kératine. Le dôme constitué, très courant chez l'enfant et le jeune adulte sur la face dorsale des mains et des pieds, n'est pas lisse. Souvent, les plus jeunes sont intrigués par ces petits reliefs et fissures de surface qu'ils touchent pour passer le temps, trouvant ainsi à s'endormir...

Les verrues plantaires, typiquement des affections de piscine municipale, sont plus embêtantes car mal placées. Dures, profondes, douloureuses à la pression, elles interdisent parfois la marche. Comme l'endroit est particulièrement épais, l'amas cellulaire papillaire soulève une couche de kératine formant une corne. Laquelle, sans cesse lésée par la marche, facilite la pénétration des *papillomavirus* (il en existe une soixantaine de variétés).

Mais il est d'autres verrues, plus mal situées encore, qui sont aussi plus inquiétantes. Malodorantes quand elles sont percées, les verrues « condylomes » ou « crêtes de coq » poussent au niveau de l'anus, du pénis et de la vulve. Susceptibles de mal évoluer, il faut immédiatement les montrer au médecin. Il faut aussi compter avec les « digitées », qui s'empilent sur le cuir chevelu, qu'elles affublent de formes aussi ridicules que peu ragoûtantes. Déjà qu'une malheureuse verrue bénigne sur la main suffit à valoir une réputation de souillon... Et que dire des verrues « filiformes » qui s'installent sur les paupières, les joues, le cou, la nuque et les lèvres !

Les verrues partent d'elles-mêmes au bout de quelques mois, deux ans tout au plus. Elles ne repoussent plus ensuite que très rarement, preuve que le système immunitaire a su y faire face. Il semblerait toutefois qu'ôter une verrue hâterait le processus d'immunisation, sans qu'on se l'explique. La prise d'aspirine ou d'acide lactique est également efficace. L'ablation à l'azote liquide ou au laser n'est préconisée que pour les localisations les plus disgracieuses ou les formes les plus embarrassantes, d'autant qu'elle peut occasionner une cicatrice. En matière de verrues, il n'y a finalement qu'une chose à ne pas faire : les gratter. Comme elles sont pleines de virus, ceux-ci profiteraient de l'aubaine pour infecter la peau saine.

Les Peaux-Rouges avaient-ils vraiment la peau rouge, et les Pictes la peau bleue ?

Les Indiens avaient bien la peau rouge, parce qu'ils s'enduisaient de pigments rouges ! Pour les premiers explorateurs européens, ces sauvages qui les effrayaient tant par leurs mœurs naturelles avaient la couleur des enfers. Aucun gène impliqué dans la coloration de la peau n'a néanmoins jamais codé pour l'une d'elles, ni pour le rouge ni même pour le bleu, n'en déplaise à ceux qui racontent encore que les Pictes (du latin *pix*, « couleur »), peuple écossais que combattirent en leurs temps Romains, Saxons et Anglais, avaient la peau de cette couleur. Ils s'enduisaient le corps d'une terre imbibée d'extraits de feuilles de pastel. Ce n'était là qu'une ruse de guerre, terriblement efficace par ailleurs.

En revanche, si l'on est affecté de méthémoglobinémie héréditaire, on peut avoir la peau bleue. Extrêmement rare, cette pathologie, qui n'empêche pas de vivre, loin s'en faut, si l'on fait abstraction du regard des autres, s'est déclarée dans un coin perdu du Kentucky, sur les rives de la Troublesome Creek.

En 1975, dans la maternité de la bonne ville de Hazard, à l'est de l'État, au pied des Pine Mountains, vint au monde un enfant bleu, le petit Benjamin Stacy. Il avait la teinte d'une prune écrasée ou d'une ardoise, selon les témoignages des médecins. Il fut immédiatement convoyé vers l'hôpital de la grande ville de Lexington, où on ne lui trouva rien d'anormal. Alors qu'on s'apprêtait à le transfuser, pensant à une mauvaise oxygénation du sang, sa grand-mère raconta l'histoire de sa propre grand-mère qui, elle aussi, avait eu cette couleur bleue. En quelques semaines, le petit perdit sa teinte, sauf au niveau des lèvres et des ongles, où elle fonçait sous l'effet du froid ou d'une vive émotion.

Après avoir reconstitué l'arbre généalogique de la famille de « Benji », et en rassemblant les souvenirs de ses membres encore vivants, des hématologues conclurent que le bébé avait exprimé un phénotype hérité de son arrière-arrière-arrière-arrière-arrière-grand-père arrivé aux États-Unis 155 ans auparavant ! En 1820, Martin Fugate, un orphelin français au physique efflanqué, s'était installé sur les bords de la Troublesome Creek. Il épousa une demoiselle rousse et au teint blanc prénommée Élisabeth Smith, avec qui il eut sept enfants. Quatre naquirent bleus. L'isolement géographique fit que, parmi ces enfants, certains procréèrent peut-être entre eux, de même que les cousins. La famille Fugate vécut ainsi en vase clos, jusqu'à ce que le chemin de fer et l'ouverture de mines de charbon finissent par désenclaver la région. Et c'est de la sorte qu'une faible probabilité de départ – réunir dans sa descendance deux allèles récessifs codant pour une déficience sanguine (l'un paternel, l'autre maternel) – se transforma en phénotype banal.

La diversité génétique au sein de la famille s'améliora, et le phénotype « bleu » redevint rare à mesure que le désenclavement permit des unions extérieures. Ainsi, 155 ans après l'arrivée de son aïeul, le petit Benjamin prit pourtant la couleur bleue durant les quelques semaines qui suivirent sa mise au monde, parce qu'il avait hérité d'un seul allèle. Sa grand-mère, Luna, était la fille de Lévy, lui-même fils de Zaccharias, l'un des fils du fondateur de la famille : or, Zaccharias avait convolé en justes noces avec la sœur de sa mère, Élisabeth. Pour ajouter encore un peu de consanguinité, la mère de Luna et épouse de Lévy était une Ritchie, cousine germaine du père de Luna !

Le gène qui est en cause code pour la synthèse d'une enzyme, la diaphorase. Plus connue sous le nom explicite de NADPH méthémoglobine réductase, elle intervient dans la transformation de la méthémoglobine en hémoglobine. L'hémoglobine est le pigment de nos cellules sanguines. Grâce à l'atome de fer contenu dans sa molécule, elle fixe l'oxygène. Naturellement, de 2 à 3 % de notre stock d'hémoglobine évoluent en méthémoglobine, une molécule dans laquelle le fer, oxydé, ne peut pas s'oxyder de nouveau, et donc fixer l'oxygène. Avec d'autres enzymes, la diaphorase est là pour y remédier.

Dans le cas de la famille Fugate, l'allèle récessif du gène codant pour la fabrication de cette enzyme n'a pu s'exprimer. Et la diaphorase n'a pas été synthétisée, ou du moins pas correctement. Le taux de méthémoglobine est grimpé à plus de 10 %, donnant à la peau sa couleur bleue, sans pour autant entraîner d'hypoxie (celle-ci se déclare au-delà de 30 %). Chez les Fugate, non seulement on fait beaucoup d'enfants (la grand-mère de Benjamin en a eu 13), mais on a l'habitude de mourir vieux, entre 80 et 90 ans !

Pourquoi dit-on « avoir une peur bleue » ?

On se fait souvent un « sang d'encre » après avoir eu une « peur bleue », qui nous avait pourtant rendu « blanc comme un linge ». Devient-on aussi bleu que les Pictes ou la famille Fugate lorsqu'on a peur (voir p. 27, 144, 183, 198, 203) ? Assurément non, mais on a perdu ses couleurs. Confronté à un stress inaccoutumé que le cerveau analyse comme une menace vitale, nous ressentons comme un coup de froid. Le poil se hérisse (voir p. 19, 118, 198) selon le processus de « l'horripilation », un glaçon semble s'insinuer le long de la moelle épinière, les jambes se dérobent, les muscles sont tendus, les mains sont moites. Le cœur bat plus vite et le sang reflue de la peau : on perd ses couleurs, et avec elles toute chaleur. On est blême. Dans certaines conditions, le phénomène est parfois si brutal que la peau prend un aspect « froid », donc bleu.

Le mécanisme de la peur est complexe. Il est géré par une région profondément enfouie dans le cerveau, le système limbique, formé entre autres de deux organes fondamentaux pour l'autodéfense de l'organisme : l'hippocampe et l'amygdale. Ce véritable système d'alarme du corps humain est sollicité en deux temps. Tout d'abord, la sensation d'une menace est reliée directement du thalamus (un organe enfoui au plus profond du cerveau) à l'amygdale. Ne passant pas par le cortex cérébral, impliqué dans la réflexion, cette première voie, instinctive, permet une identification grossière de la menace et une mise en branle de l'organisme par l'amygdale. S'ensuit plus ou moins rapidement une seconde réaction, qui passe cette fois par le cortex. La menace est alors analysée et associée au vécu du sujet, mémorisé dans l'hippocampe. Ce dernier organe « sait » si le danger est réel ou non. Si la menace est *in fine* jugée faible, la peur va quitter le corps. Si elle est jugée sérieuse, la « peur bleue » va devenir violette et conduire le corps à la fuite, à chercher un refuge ou, au contraire, l'inciter à combattre.

Tous les animaux ressentent à l'identique ces phénomènes physiologiques. L'événement apeurant terminé, l'hippocampe en enregistre tous les paramètres. C'est cette mémoire « explicite », ordonnée par l'amygdale, qui fait que l'on peut éprouver la même peur bleue, des années plus tard, confronté à un lieu, une odeur, une personne, que l'hippocampe « retrace ». De son côté, l'amygdale emmagasine une mémoire dite « implicite », non consciente, qui peut entraîner une anxiété terrible, aux manifestations identiques à la peur, irraisonnées. Dans ce cas, c'est l'hippocampe qui alerte immédiatement l'amygdale, quelque temps avant qu'on comprenne pourquoi...

Pourquoi a-t-on la peau plissée après un bain prolongé ?

La couche supérieure de la peau, l'épiderme, est riche en surface en kératine. C'est à cette protéine, organisée en filaments, que l'on doit la résistance de la peau aux agressions extérieures. Elle a aussi pour rôle de retenir l'eau évaporée par le corps, et de fortement limiter l'entrée d'eau venue de l'extérieur. Sans elle, nous gonflerions à la moindre pluie et ne pourrions nous laver !

Au niveau de la face ventrale des mains, des doigts en particulier, et du côté plantaire des orteils, la kératine est sans cesse soumise à des frottements. Plus souple que partout ailleurs, elle est un peu moins efficace dans sa fonction d'imperméable, d'autant qu'elle ne dispose pas de glandes sébacées, comme c'est le cas partout ailleurs sur le corps. Les glandes sébacées sont associées aux poils. Le sébum qu'elles fabriquent jouerait un rôle dans le contrôle de l'évaporation. Dans l'eau, il se comporterait également comme un film huileux étanche. Le conditionnel est de mise, car on n'en a pas la preuve. Le rôle du sébum est avant tout de protéger les poils contre les attaques microbiennes.

Au cours d'un long bain, l'eau pénètre donc un peu l'épiderme moins protégé des doigts et des orteils. La peau gonfle et devient molle. Elle ne peut toutefois s'étendre comme sa mollesse nouvelle le lui commande : autour des doigts, des orteils, de tout le corps, il n'y a pas de place disponible. Elle s'étire donc perpendiculairement, en se plissant. Voilà pourquoi nous avons des rides au sortir d'un long bain.

L'eau s'insinue ainsi parce que sa teneur en sels divers est plus faible que celle des cellules de la peau. Les lois de l'osmose, qu'on peut résumer au principe des vases communicants, la forcent à entrer dans la peau afin d'y diluer les sels, le but étant que les concentrations s'équilibrent. Dans la mer, c'est l'inverse qui se produit : l'eau de mer sort du corps par les doigts des pieds et des mains, qui se retrouvent également ridés.

Pourquoi rougit-on quand on est gêné ?

Comme le bâillement ou la digestion, la respiration ou la sudation, le rougissement est un réflexe. Il est donc incontrôlable. C'est la manifestation d'une mise en condition de l'organisme par le système nerveux central pour répondre à un stress léger. Ce n'est pas une peur, mais la vision de l'être convoité ou la perspective de passer un oral d'examen est assimilée à une menace, à laquelle il convient donc de répondre par une augmentation du rythme cardiaque.

En fait, ce réflexe si désarmant vise à faciliter le travail du cerveau, qui doit analyser une situation donnée. Le cœur battant plus vite, la pression sanguine augmente. Afin de suivre le rythme imposé, les vaisseaux sanguins changent de diamètre. Ils se dilatent. Comme, sur le visage, ils sont très proches de la peau, celle-ci « rougit » puisque l'on perçoit mieux les vaisseaux gorgés de sang. Le rougissement est typiquement un syndrome anxieux. Il commence comme la peur, dont l'un des signes est le blanchissement de la peau : le reflux du sang est responsable de ce « coup de froid » terrifiant que nul n'aime recevoir. Puis la « seconde voie d'analyse » établit qu'il n'y a pas de danger vital. Le sang revient alors au visage, et l'on n'y peut rien ! C'est souvent plaisant à voir, mais parfois difficile à supporter. Cela dépend de chacun. Comment juge-t-on de sa propre allure alors qu'on se sait rougir ? On ne se voit pas, mais on se sent chaud, le sang affluant tout contre la peau du visage.

Si l'on désespère de son état à ce moment, sans doute est-ce parce qu'on est atteint d'éreutophobie – littéralement, la « peur d'être rouge ». Plus féminine que masculine, elle frappe un peu moins d'un adulte sur dix. C'est une peur autoalimentée, comme celle de ne pas parvenir à s'endormir : j'ai peur de rougir, et je m'empourpre derechef. Le système nerveux végétatif, souvent un peu trop réactif chez ces personnes, s'emballe. C'est un cercle vicieux terrible puisque le rougissement s'accompagne alors des symptômes d'une peur véritable : mains moites, jambes flageolantes, incapacité de parler de façon intelligible, maux d'estomac, sudation excessive. Et ce, devant un auditoire ou seul, chez soi, au téléphone, ou simplement en pensant à quelque chose d'inhabituel, à un stress vécu ou autoconstruit.

Un suivi psychothérapeutique est indiqué dans les cas d'éreutophobie aiguë. S'il se révèle inefficace, une intervention chirurgicale, la sympathectomie thoracoscopique, peut être proposée au patient. Elle consiste à sectionner l'un des nerfs du système sympathique impliqués dans l'excitation du cœur. Prescrite dans les cas de sudation excessive (en particulier l'hyperhydrose palmaire, nom scientifique des mains moites), cette intervention a des répercussions immédiates sur le rougissement, qui diminue considérablement.

Pourquoi certaines personnes âgées ont-elles si peu de rides ?

Elles ont bien de la chance, et sans doute leur hygiène de vie est-elle irréprochable ! L'apparition des rides sur la peau est en effet un processus naturel, inéluctable. La peau a une capacité de renouvellement fixée génétique-ment. Comme elle n'est pas infinie, il arrive un moment où elle ne peut plus faire face. Le phénomène commence vers 25-30 ans (déjà!) – certains disent dès 20 ans –, et évolue d'autant plus vite que la peau est blanche, fine et exposée au soleil. La peau « tannée » des paysans, si pittoresque dans l'imagerie populaire, est en vérité une peau parcheminée par l'accumulation de rides.

La peau se ride dès lors que sa couche de maintien, le derme, est moins efficace. Située sous l'épiderme, cette strate cellulaire renferme les vaisseaux sanguins, les ter-minaisons nerveuses, les follicules pileux et les poils affé-rents. Tout ce contenu cellulaire est maintenu en cohésion grâce à de nombreuses protéines telles que le collagène et l'élastine, toutes deux fabriquées par les fibroblastes. Localisées dans la partie supérieure du derme, ces cellules constituent l'essentiel de sa composition – c'est dire l'importance de leur rôle.

Entrant pour 70 % dans la formulation du derme, le collagène est responsable de sa souplesse, elle-même à l'origine de la grande résistance mécanique de l'épiderme. C'est grâce au collagène que les petites plaies superfi-cielles de l'épiderme se referment naturellement. Il est organisé parallèlement à la peau, selon des lignes régu-lièrement espacées, les « lignes de Langer ». L'élastine tient un rôle complémentaire car, contrairement au col-lagène, cette protéine peut s'allonger, jusqu'à casser. Elle donne au derme ses propriétés élastiques. Quand elle n'est plus localement renouvelée, le collagène, moins souple, la remplace. Apparaissent alors les vergetures, affres des parturientes...

Quand le collagène vient à manquer, les rides se font jour. C'est un processus lié à l'âge. Passé 25 ans, les fibres de collagène diminuent en nombre autant qu'en diamètre et en souplesse. On en perdrait environ 1 % chaque année. Le matelas qui porte l'épiderme est donc de moins en moins bien soutenu. La peau s'affaisse, son épaisseur diminue. Elle devient flasque et se creuse légèrement là où elle est sollicitée par un mouvement habituel. C'est ainsi que des rides apparaissent en regard des lignes de

Langer. Elles se concentrent sur le visage, où la peau, bien plus fine que partout ailleurs sur le corps et fort sollicitée par les mimiques, s'use plus rapidement. Les rides apparaissent vite à la commissure des paupières et autour des lèvres. Elles s'accumulent, se creusent un peu, affirmant la personnalité.

Certaines personnes ont moins de rides. C'est un fait : il y a des femmes et des hommes qui perdent moins de collagène. Mais, si leur peau vieillit moins vite, c'est aussi parce que le soleil a eu moins l'occasion de la léser. Les ultraviolets, s'ils ne sont pas arrêtés par un vêtement ou un écran solaire, détruisent impitoyablement les fibroblastes. Non content d'exposer aux risques du mélanome, le bain de soleil, censé nous embelllir pour le retour des vacances, accélère en réalité le vieillissement de la peau.

10

Poils et ongles

Les chats et les lapins sont-ils les seuls à avaler leurs poils? *Les cheveux de Marie-Antoinette ont-ils vraiment blanchi en une nuit?* Ongles et cheveux continuent-ils de pousser après la mort? *Les ongles des mains poussent-ils plus vite que ceux des pieds?* **Pour-quoi les femmes âgées ont-elles de la barbe?** *Pourquoi certains hommes sont-ils chauves?* **Est-il vrai que les chauves sont de meilleurs amants?** *Les cheveux peuvent-ils se dresser sur la tête?*

Les chats et les lapins sont-ils les seuls à avaler leurs poils ?

Hélas, non! Il n'y a pas que les chats et les lapins qui avalent leurs poils, les humains le font aussi. Il arrive que les chirurgiens découvrent dans certains systèmes digestifs de véritables bouchons de poils, dénommés des « trichobézoards », le bézoard recouvrant une variété de cas. Il peut par exemple être de forme « phyto » (empli de fibres végétales) ou « lactéo » (bouchon de lait caillé chez le nouveau-né).

S'agissant du trichobézoard, l'ingestion de poils n'est bien entendu pas accidentelle. Dans bien des cas, l'asthénie, l'angoisse, la dépression peuvent se traduire par ce comportement très destructeur. Les trichobézoards se localisent, chez l'homme, dans l'estomac, dont ils épousent le volume. Quelques semaines suffisent pour que les cheveux s'entremêlent avec la nourriture et forment ainsi un amalgame de plus en plus compact qui finit par occuper tout l'espace disponible. Nausées, vomissements, problèmes digestifs et « masses abdominales » (ventre bombé localement par une grosseur) sont des signes qui, surtout si le sujet « mange » ses cheveux, doivent immédiatement conduire aux urgences.

Dans les cas graves, le trichobézoard occupe non seulement tout le volume de l'estomac, mais il déborde dans le premier maillon du gros intestin, le duodénum. C'est alors un véritable moulage interne de ces organes que les chirurgiens extraient! S'ils interviennent trop tard, le bouchon peut bloquer l'estomac, être à l'origine d'ulcères, ou descendre dans l'intestin, qu'il peut perforer, ou encore dans lequel il peut provoquer une invagination tout aussi destructrice. Le pronostic vital est alors engagé : dans cet état, plus d'un malade sur trois décède.

Cette étrange pathologie est le plus souvent associée à un désordre comportemental. Plus fréquente chez les filles que chez les garçons, chez les adolescents que chez les adultes, elle doit faire l'objet d'un suivi, comme toute affection psychique. Il en va comme de l'anorexie : il faut tâcher de mettre des mots sur les maux avant que le corps ne s'exprime de la sorte. Bien sûr, on prendra soin de ne pas relater à ces malades que les médecines persane et arabe considéraient ces vulgaires tas de poils entremêlés comme un excellent moyen thérapeutique pour lutter notamment contre les poisons. Le terme de bézoard vient d'ailleurs de l'arabe *bâzahr* et du persan *pâdzahr*, qui signifient tous deux « chasse-poison ».

Les cheveux de Marie-Antoinette ont-ils vraiment blanchi en une nuit ?

Non, ils n'ont pas soudainement blanchi. En réalité, les témoins de son exécution se sont subitement rendu compte qu'ils étaient blancs. Ils l'étaient déjà, mais l'exceptionnelle tension de la matinée fatidique les a rendus visibles. Sans doute Marie-Antoinette a-t-elle perdu beaucoup de cheveux sous l'effet de l'angoisse. Les cheveux blancs sont très peu visibles au milieu de cheveux colorés, et il aura fallu que ces derniers tombent en masse pour les rendre apparents.

Le blanchissement du cheveu porte un nom : la « canitie » (du latin *canus*, « blanc »). En fait, le cheveu ne blanchit pas. Après sa mort et sa chute, il est remplacé par un autre, tout blanc. En effet, un cheveu ne peut pas changer de couleur au cours de sa vie. Il ne peut être que de sa couleur, ou blanc – mais aucun cas gris : cette couleur est une illusion d'optique à la vue d'un cuir chevelu garni d'un nombre significatif de cheveux blancs.

Ce processus de substitution des cheveux est un mécanisme bien huilé. Chacun de nos 100 000 à 150 000 cheveux pousse de 0,7 à 2 mm par jour à partir d'un bulbe, ou follicule, enfoui dans la peau du crâne. Le bulbe africain est moins profond (2,5 mm) que celui des Asiatiques (7 mm). Celui des Européens est intermédiaire. Toutes ethnies confondues, la durée de chacun de nos cheveux est d'environ 3 ans pour les hommes, de 10 ans pour les femmes. Passé ce délai, le cheveu demeure en place environ 3 mois. Il tombe, et un autre cheveu, fabriqué par le même follicule, prend sa place. Chaque jour, nous perdons ainsi de 100 à 150 cheveux. Ceux de Marie-Antoinette n'ont donc aucunement pu blanchir en une seule nuit !

Les cheveux remplaçants sont blancs dès lors qu'ils ne sont plus... colorés. Derrière cette lapalissade se cache un authentique problème scientifique : on ne sait toujours pas pourquoi un cheveu naît sans couleur. Plusieurs hypothèses sont avancées. Les cellules productrices du pigment coloré (les mélanocytes), localisées en majorité dans le follicule, n'en fabriqueraient plus, ou elles en sécréteraient toujours, mais ne pourraient plus transmettre la mélanine aux cellules qui fabriquent les cheveux, les kératinocytes (qui synthétisent elles-mêmes la kératine). Ou bien encore, les mélanocytes de la gaine épithéliale la plus externe du follicule, qui migrent vers celui-ci quand il doit renouveler son propre stock de cellules pigmentaires, ne seraient plus capables de bouger, voire disparaîtraient. Les chercheurs s'arrachent toujours les cheveux pour les couper en quatre.

Ongles et cheveux continuent-ils de pousser après la mort ?

Inutile de se faire peur : ils poussent juste un tout petit peu, le temps que leur stock de kératine soit épuisé. L'ongle – le « phanère » des zoologues – est presque un poil comme un autre : même composition (à la différence près qu'il n'est pas coloré), même structure en trois gaines (ou « tables », dans le cas de l'ongle), et c'est la même matrice qui le fabrique.

Comme le cheveu, l'ongle est constitué de kératine, mais cette protéine y présente des concentrations bien plus fortes, qui expliquent la rigidité de la « lame unguéale ». Sa structure diffère également quelque peu de celle de la kératine de la peau, ce qui lui confère une raideur supérieure. La matrice, issue de l'épiderme, produit des kératinocytes, où la kératine est synthétisée. Les kératinocytes sortent de la peau au niveau de la partie la plus claire de l'ongle, la « lunule ». Ils migrent ensuite vers l'extérieur au rythme de 0,1 mm par jour, soit à peu près 1 mm par semaine. La couleur rose de l'ongle est due au fait que, transparent, il donne à voir les petits vaisseaux sanguins qui alimentent l'épiderme. Les kératinocytes se localisent surtout dans la couche (table) intermédiaire de l'ongle. La table inférieure est en contact direct avec la peau, que celle-ci recouvre d'ailleurs légèrement sur les bords. La table extérieure, lisse et brillante, est la plus exposée. À son extrémité, l'ongle s'allonge et ne tombe pas : il faut donc le couper !

Lorsqu'on meurt, le sang ne circule plus. Les vaisseaux qui alimentent la matrice ne fonctionnent plus. Les kératinocytes qui étaient formés ou en train de migrer sortent, mais ce n'est l'affaire que de quelques heures. Quant à ceux déjà en place, sur l'ongle, n'oublions pas que ce sont des cellules mortes. Pour autant, les innombrables témoignages sur des cadavres aux ongles démesurés et aux cheveux ébouriffés ne sont pas entièrement délirants : c'est que les ongles (et les cheveux) semblent plus longs sur un mort, le reste du corps, mou, s'étant ratatiné par dessèchement.

Les ongles des mains poussent-ils plus vite que ceux des pieds ?

L'ongle des mains croît en moyenne de 0,07 mm par jour (voir p. 192). En comptant 2,16 mm par mois, il faut donc environ de 4 à 6 mois pour renouveler totalement un ongle arraché. L'été est une saison plus propice, car les ultraviolets favorisent la migration des kératinocytes. Quant aux pieds, tout le monde peut constater qu'on a moins souvent à y revenir avec le coupe-ongles ! Les ongles y poussent effectivement moins vite : les orteils, protégés par la chaussette et la chaussure, sont beaucoup moins soumis aux chocs, aux rayures, à l'abrasion que les ongles des mains. Ceux-ci ont pourtant un plus bel aspect, dû pour l'essentiel à leur forme presque carrée, moins disgracieuse que celle, rectangulaire, des ongles des pieds.

Pourquoi les femmes âgées ont-elles de la barbe ?

La teneur des hormones change avec le temps, non pas dans sa formulation, mais dans sa concentration. À l'adolescence se met en place une pilosité dite « constitutionnelle », naturelle, sous l'effet de la testostérone synthétisée par les glandes surrénales et les testicules. Puis la sensibilité des follicules pileux diminue.

Ce processus n'épargne pas les hommes, mais les affecte dans une moindre mesure puisqu'ils produisent vingt fois plus de testostérone que les femmes. La synthèse régulière d'hormones mâles par les ovaires, au cours du cycle menstruel des femmes, n'y change rien – même si, chez certaines Méditerranéennes, un duvet peut se former sur la lèvre supérieure et les joues, qu'accompagnent parfois des poils « testoïdes » (sexuels) sur l'aréole des seins et sur la ligne qui court du nombril au sommet du pubis.

Après la ménopause, les taux relatifs d'hormones changent. Celui des androgènes (hormones mâles) augmente un peu (les ovaires continuent d'en produire). Surtout, la sensibilité des follicules pileux devient plus forte, tout comme celle des glandes sébacées, d'où la séborrhée et les poussées d'acné dans cette période délicate. Des poils croissent où il n'y a pas lieu et, effectivement, certaines femmes ont l'air poilues ! « L'hypertrichose simple » est, en langage médical, un excès de poils où il y en a déjà. La femme reste femme, y compris dans ces zones pileuses. L'« hirsutisme » est une autre manifestation exagérée de la ménopause. Le système pileux des femmes fonctionne alors comme celui des hommes. L'indice de Ferriman et Gallwey permet de jauger du niveau de « virilisme » atteint, qui peut affecter d'autres organes (développement du clitoris, du larynx, des muscles) et même le comportement (libido).

Dès la puberté, selon son taux d'hormones mâles, une femme peut être atteinte d'hirsutisme ou de virilisme. Certaines maladies peuvent aussi dérégler ce taux, ou rendre plus sensibles les follicules pileux. C'est le cas de certaines tumeurs ou maladies, par exemple l'hypertrophie des glandes surrénales (qui fabriquent de la testostérone). La prise de ciclosporine, médicament antirejet prescrit après une transplantation d'organes, peut également déclencher l'hirsutisme.

Pourquoi certains hommes sont-ils chauves ?

Les poils aiment être sollicités par les hormones mâles. Lorsqu'ils le sont un peu trop, même les femmes peuvent avoir de la barbe (voir p. 194). Mais, lorsqu'ils le sont beaucoup trop, ils tombent. L'équilibre général de l'organisme repose en efffet sur un réglage très fin des hormones qui en régulent les fonctions.

Le cycle de vie d'un cheveu ne peut être renouvelé qu'une grosse vingtaine de fois, 25 le plus souvent. Comme il est commandé par des hormones androgéniques (mâles), en particulier du DHT (dihydrotestostérone), un dérivé de la testostérone, il est accéléré si leur taux augmente. Les cheveux sont alors renouvelés plus vite : ils tombent plus souvent. Parvenus en fin de cycle, les follicules ne produisent plus que des cheveux de plus en plus fins, puis du duvet, et enfin plus rien du tout. La calvitie s'installe, définitivement.

La synthèse des hormones étant fixée génétiquement, la calvitie s'hérite. « Messieurs, si vos pères sont chauves, vous le serez sans doute!» Elle peut toutefois survenir à la suite de soucis médicaux (dysfonctionnement des surrénales, des testicules, de la thyroïde) ou psychologiques (angoisses profondes) qui peuvent influer sur la synthèse des hormones mâles. Des carences en vitamines H et B6 ou en fer entrent aussi en compte, ainsi que la prise de certains dopants, tels que les amphétamines, ou médicaments (les anticoagulants notamment).

Les cas de calvitie chez les femmes sont rares parce que celles-ci produisent naturellement bien moins d'hormones mâles. Toutefois, après la ménopause (voir p. 194), ce taux augmente par rapport à leur propre production d'hormones sexuelles. Chez les sujets dont les follicules pileux sont particulièrement hormonosensibles (un caractère sans doute génétique lui aussi), cela peut entraîner une calvitie, plus difficile à supporter que la forme masculine car elle s'installe par diminution globale de l'épaisseur de la masse chevelue, et non par tonsures ou par « plaques ».

Une greffe de follicules pileux fonctionnels, prélevés sur les parties chevelues du crâne ou développés à partir de cellules souches, pourrait permettre de vaincre la calvitie. Les recherches en la matière n'ont toutefois guère avancé. Quant à la spironolactone, médicament prescrit dans les pays anglo-saxons contre la calvitie et l'hirsutisme, elle n'est autre qu'un diurétique dédié au traitement de l'hypertension. Les effets antiandrogéniques favorables à la pousse des cheveux n'apparaissent qu'à fortes doses et au bout de plusieurs mois, d'où des effets secondaires possibles. En outre, le traitement est réversible... Dès qu'on arrête le médicament, les cheveux retombent. Comme les produits à base de minoxydil, la spironolactone n'est véritablement efficace qu'aux stades précoces de la calvitie.

Est-il vrai que les chauves sont de meilleurs amants ?

Aucune étude ne l'a jamais prouvé ! Mais comme, dans la plupart des cas, la perte des cheveux est due à une surproduction des hormones sexuelles (voir p. 195), on peut penser que les hommes chauves ont une intense activité sexuelle. C'est d'ailleurs en bloquant l'hormone la plus impliquée (DHT, pour dihydrotestostérone) que les médicaments anticalvitie ou antialopéciques (l'alopécie est le terme générique pour toutes les pertes de cheveux anormales) développent leur propriété. Or, la prise prolongée de ces médicaments a pour effet secondaire une baisse de l'appétit sexuel ou des difficultés d'érection. Il est donc logique de penser que, a contrario, un surdosage de DHT doit améliorer la forme sexuelle.

Mais le déséquilibre hormonal peut se retourner contre l'organisme. La DHT est en effet directement impliquée dans la multiplication cellulaire affectant la prostate. Beaucoup trop de DHT, et voilà le risque de cancer qui augmente, avec tous ses corollaires sur l'activité sexuelle. Le trop n'est jamais l'ami du bien. Une libido exacerbée par les hormones peut aussi être synonyme d'éjaculation précoce, d'insatisfaction permanente ou de recherche effrénée de son propre plaisir. Pas sûr que les partenaires sexuels considèrent cela comme des preuves d'excellence amoureuse !

Un homme chauve serait ainsi en pleine possession de lui-même, sa libido serait au meilleur de sa forme, et il ferait un amant remarquable. La théorie est juste, mais on sait que, en matière de sexualité, ce qu'on dit n'a souvent que peu de rapport avec la réalité. Il est certes indéniable que la mode est plutôt à la calvitie artificielle. Cette excellente image, très « sexy », dont bénéficient les chauves est colportée par nombre de stars du petit comme du grand écran. On se rase même le crâne, pratique impensable il y a seulement quelques années, le crâne glabre étant considéré comme bien trop agressif.

Cette mode actuelle affiche cette agressivité revendiquée comme telle. Dénudé et luisant, un crâne attire le regard. Les traits du visage s'en trouvent renforcés, accentuant la personnalité. Des yeux clairs deviennent plus visibles. De même, le cou, le torse paraissent plus musclés, plus larges. Cette apparence corporelle est naturellement associée à une perspective de félicité sexuelle.

Les cheveux peuvent-ils se dresser sur la tête ?

Même s'ils ne se dressent pas à proprement parler sur la tête, comme les autres poils du corps, les cheveux réagissent à la peur ou à l'angoisse. L'horripilation est un réflexe très ancien, héritage de notre statut de mammifère : les animaux à poils se hérissent quand il s'agit d'impressionner leurs agresseurs. Bien qu'il soit sans effet faute d'une fourrure appropriée, l'évolution a gardé trace de ce réflexe, car il ne nuit pas à l'organisme humain.

En revanche, chacun peut vérifier que les cheveux se dressent sur la tête quand ils sont chargés d'électricité. Il suffit d'ôter un pull ou de se coiffer avec une brosse en plastique pour que les cheveux « claquent », se dressent et s'éloignent les uns des autres. Les montagnards savent que ce curieux comportement signale que de l'électricité est dans l'air, et qu'un orage se prépare.

C'est même là un excellent moyen pédagogique pour initier les enfants à l'électricité. Car il s'agit bien d'électricité ! Plus les cheveux sont secs, plus ils attirent les électrons. Le simple contact d'un autre matériau sec, comme la laine ou le plastique, suffit à créer un transfert d'électrons entre l'un et l'autre matériau, du moins sec au plus sec, autrement dit du moins isolant au plus isolant, ou encore du plus conducteur au moins conducteur. « Recueillis » par les cheveux, les électrons arrachés aux poils de la laine ou aux dents du peigne se repoussent les uns les autres. Voilà pourquoi les cheveux s'étalent dans toutes les directions. Et, comme les électrons tentent de quitter les cheveux par leur extrémité, la chevelure se dresse complètement. Seule solution : se mouiller la tête, et les électrons partiront d'un coup.

À l'école, les cheveux qui se dressent sur la tête trouvent même à faire rire bien qu'il puisse s'agir d'une maladie. Ce « syndrome des cheveux incoiffables », ou *Pili triranguli et canaliculi*, est en effet une affection génétique rare, causée par une conformation particulière des cheveux. Le poil n'est plus de section ronde, mais triangulaire, avec une rainure longitudinale tout le long d'une de ses arêtes, ce qui interdit toute souplesse au cheveu. Même le peigne et l'eau ne peuvent alors aplatir la chevelure. Les choses s'améliorent toutefois avec l'âge. Quoi qu'il en soit, l'origine de cette maladie est encore largement discutée.

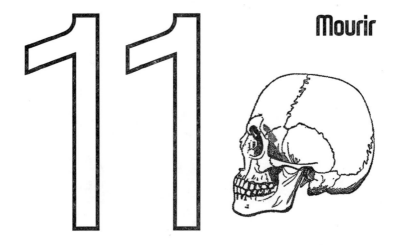

11 Mourir

Peut-on réellement mourir de rire ? *Revoit-on sa vie défiler juste avant de mourir ?* **Est-il vrai que l'on peut entrer en « combustion spontanée » ?** *Les frères siamois meurent-ils au même instant ?* **Qu'appelle-t-on « coma artificiel » ?** *Est-il vrai que l'on perd 21 grammes à l'instant même de sa mort ?* **Comment des personnes déclarées mortes ont-elles pu revenir à la vie ?**

Peut-on réellement mourir de rire ?

Dans le monde médical, le cas est connu. Il fait même beaucoup rire : en 1989, un certain Ole Bentzen, audio-prothésiste de son état, sujet de Sa Majesté la reine du Danemark, mourut véritablement de rire au cinéma. Il regardait *Un poisson nommé Wanda* (film de Charles Crichton, avec Jamie Lee Curtis et John Cleese, 1989) quand une scène particulière, que la petite histoire n'a pas enregistrée, lui emballa tant le cœur que celui-ci, sans doute parvenu au-delà de 250 battements par minute, s'arrêta. Des journalistes prétendirent même que l'organe cardiaque avait atteint 500 pulsations par minute ! Quand on sait que 20 secondes de rire franc sont physiologi-quement équivalentes à environ 3 minutes de marche rapide, et que le bon docteur Bentzen mourut après plu-sieurs minutes de rire, selon les témoins...

Un autre fit beaucoup mieux : Alex Mitchell, un quin-quagénaire britannique, succomba devant sa télé, en 1975, après au moins 25 minutes de rire, comme s'il avait marché à vive allure pendant... 3 heures et 45 minutes ! Un exploit que seuls les troupes d'élite et les concurrents du 50 kilomètres marche aux jeux Olympiques sont capables de réaliser sans finir aux urgences.

Si les cas de « mort de rire » sont très rares, on peut néanmoins en mesurer la vraisemblance quand, saisi d'un fou rire, on peine à retrouver sa respiration ou que l'on ressent une pression sur la poitrine.

Le rire est un véritable remue-ménage. Comme la peur, il bouleverse le rythme respiratoire en accélérant le cycle expiration/inspiration. Les muscles intercostaux et le diaphragme – muscle responsable de l'inspiration – se contractent. Voilà pourquoi on « se tient les côtes ». Et, puisque la respiration saccadée réduit le taux d'oxygène dans le sang, l'organisme réagit en accélérant les pulsations cardiaques. Le mécanisme physiologique de la peur est fort semblable. Parfois, le rire est si prenant, le corps répond si vigoureusement qu'une douleur se fait sentir dans la poitrine. Lorsque le corps se détend, les muscles se relâchent. Les jambes viennent parfois à manquer, et le rieur se roule par terre, tout à son aise.

Le rire a des effets physiologiques positifs : le foie synthétise dans cette phase plus de bile, ce qui a pour effet de diminuer ponctuellement le taux de cholestérol sanguin ; les sucs digestifs sont sécrétés plus intensément, facilitant la digestion ; le cerveau ordonne la synthèse d'endorphines, hormones aux vertus antidouleur, et celle de certains composants du système immunitaire.

Revoit-on sa vie défiler juste avant de mourir ?

Parmi les patients réchappés d'un coma profond et ceux qui ont survécu à un arrêt cardiaque prolongé, un sur dix aurait revu toute son existence en un instant. Cette expérience, qualifiée parfois de « mémoire panoramique », est rangée parmi les « expériences de mort imminente », ou EMI (plus connues sous leur nom anglais de Near Death Experiences, NDE). La science les a étudiées, mais n'a rien conclu : entre la vie et la mort, le fonctionnement du corps, en particulier celui du cerveau, est presque inconnu.

Il est par ailleurs difficile de quantifier le rôle possible des drogues administrées durant le coma artificiel (voir p. 208) dans la genèse de ces phénomènes, tout comme il est souvent impossible d'identifier dans le récit des patients ce qui provient de leur culture mystique ou religieuse, propre à générer des représentations particulières.

Malgré tout, les EMI, notamment la description d'une existence entrevue en quelques instants, sont d'une très grande précision. Elles ne s'oublient pas. On ne peut donc les assimiler à ces rêves dont on se souvient au réveil, mais qui se diluent au fil des jours. Sans doute peut-on considérer ces « vies en abrégé » comme un état de conscience particulier, que le cerveau mettrait en place en synthétisant des « cocktails » de neuromédiateurs et d'hormones, connus ou inconnus, afin de supporter le stress physiologique imposé à l'organisme par la proximité de la mort. À moins, comme le suggèrent certains neurologues, que voir sa vie défiler ne soit du même ordre que la fameuse impression de déjà-vu. Or, de récentes recherches ont démontré que celle-ci trouverait son origine dans une panne très fugace d'une zone peu connue du cerveau, le cortex périrhinal, qui a pour fonction de repérer le caractère nouveau d'une situation. Lésé ou « endormi » par une grande fatigue ou un stress important – en l'occurrence, l'approche réelle ou supposée de la mort –, le cortex périrhinal créerait un sentiment de familiarité devant un événement non (re)connu. Il est à noter que ce cortex se trouve sous l'hippocampe, aire du cerveau dévolue à la mémorisation.

Est-il vrai que l'on peut entrer en « combustion spontanée » ?

Le soir du 12 mai 1977, à Uruffe, village de Meurthe-et-Moselle proche de Toul, Ginette Kazmierczak est découverte en cendres. Seuls son bras droit et ses deux jambes sont à peu près intacts. La porte de son appartement est fermée de l'intérieur, il n'y a pas eu de court-circuit, la foudre n'est pas tombée, le chauffe-eau n'a pas explosé, le poêle à mazout était coupé. Seul le plancher sous la victime a brûlé. Les murs sont tachetés de suie. Aucune trace d'incendie ou d'explosion : il a pourtant fallu que le corps de la victime ait été soumis à une température comprise entre 2 000 et 2 500 °C pour se consumer ainsi ! La police conclut à une « combustion humaine spontanée », ou CHS.

Comment le corps humain, composé de 75 % d'eau, peut-il spontanément se consumer, qui plus est se réduire en cendres ? Même les fours des crématoriums ne parviennent pas à cet aboutissement : il y reste toujours quelques bouts d'os. En Inde, les bûchers funéraires ont un meilleur rendement car, composés de bois durs et coûteux, ils permettent une carbonisation totale. Il y a certes du méthane dans le système digestif, mais, quand bien même ce gaz entrerait-il en combustion – et comment ? –, cela ne brûlerait que les intestins.

Toutefois, le corps humain est emballé dans un excellent combustible : les graisses. Or, celles-ci s'enflamment justement à 2 500 °C, et continuent de brûler tant que leur température dépasse 24 °C. Une expérience de médecine légale menée sur le cadavre d'un porc, à partir des éléments d'une enquête criminelle, a montré que, incendié par une couverture imbibée d'un combustible, celui-ci s'est consumé jusqu'aux cendres, durant cinq heures, sans émettre de flammes.

À partir de cette expérience, une théorie a été bâtie : la combustion spontanée par « effet mèche ». Comme la mèche d'une bougie, la graisse, enflammée en un endroit, émettrait une chaleur qui se diffuserait à tous les corps gras, suffisante pour consumer un individu jusqu'aux os. Un organisme particulièrement adipeux serait donc une chandelle en puissance ! Une cigarette enflamme un vêtement, le sujet endormi, respirant les fumées, s'asphyxie, la graisse se met à fondre et entretient ensuite la combustion... Une demi-journée après, il ne reste plus rien ! Et le corps humain, ainsi réduit, retrouve l'état des premières bougies de sa préhistoire : une mèche trempée dans de la graisse animale...

Les frères siamois meurent-ils au même instant ?

La question remonte à la mort des deux plus célèbres siamois de l'histoire, les frères Bunker. Nés en Thaïlande – au Siam – en 1811, Chang et Eng étaient reliés au niveau du sternum par un important morceau de cartilage (13 x 20 cm). Le foie était le seul organe qu'ils avaient en commun. Découverts en 1829 par un organisateur britannique de foires aux monstres, ils acquirent une célébrité telle qu'elle leur permit, à la fin de leur contrat, de s'installer en 1839 dans une petite ville de Caroline du Nord (États-Unis). Assez riches pour devenir planteurs, ils se marièrent à deux sœurs, et eurent chacun dix enfants, dans une Amérique pourtant si pudibonde !

Les deux frères avaient des caractères très différents. Chang, expansif et buveur, avait une hygiène de vie déplorable. Eng, à l'inverse, était un modèle de tempérance et de calme. Il reprochait souvent à son frère son addiction à l'alcool. Dans la nuit du 17 janvier 1874, Chang, en mauvaise santé depuis des années, mourut dans son sommeil des suites d'une banale bronchite. Son frère le découvrit à son réveil. Pris de panique, il transpira, son cœur s'emballa, il hurla comme s'il voulait s'arracher au corps de son frère qui était aussi le sien. Il s'évanouit puis s'effondra physiologiquement. Son épouse le découvrit dans le coma et, une à trois heures plus tard environ, selon les témoignages, Eng Bunker mourut à son tour. L'autopsie révéla qu'il n'avait pas succombé au même mal que son frère. Si les deux frères avaient vécu de nos jours, ils auraient sans doute pu être dissociés, puisqu'ils n'étaient pas reliés par le cœur ou le crâne, organes inséparables.

C'est la peur qui, en vérité, fit mourir Eng. Partageant peu de tissus, lui et son frère avaient en conséquence des physiologies presque indépendantes. La mauvaise santé de Chang ne s'était donc pas transmise à Eng. Chez des siamois plus profondément reliés, en revanche, la mort de l'un affecte directement l'organisme de l'autre. Il faut alors les séparer, c'est-à-dire prendre le risque que le survivant trépasse sur la table d'opération. Puis il convient de surveiller patiemment le psychisme du rescapé. En effet, comment accepter qu'une moitié de soi ait disparu ? La question fascine les psychologues depuis des lustres. Hélas, il existe peu de travaux menés sur les quelques siamois séparés avec succès par la chirurgie.

Qu'appelle-t-on « coma artificiel » ?

La douleur atteint parfois une telle intensité que les médecins, pour mieux en traiter la cause, doivent anesthésier complètement leurs patients. Le coma artificiel, encore appelé coma provoqué, est, en termes médicaux, une « simple » sédation. Des anesthésiques ou des hypnotiques, accompagnés d'analgésiques, sont injectés dans le corps du malade afin qu'il s'endorme, comme avant une opération.

Cette pratique est souvent proposée aux familles lorsque leur parent ne supporte pas, physiologiquement ou psychologiquement, l'intubation par la gorge d'un tuyau qui les relie à un respirateur. À défaut, le patient risque par ses gestes, ses convulsions ou son stress, d'entraver le fonctionnement de la machine, et, *in fine*, tout le processus thérapeutique.

L'autre raison de provoquer le coma artificiel est liée à la toxicité, pour les poumons, des opiacés tels que la morphine. Ces molécules sont administrées à forte dose aux patients qui souffrent véritablement le martyre. Or, on ne peut limiter cette toxicité qu'en réduisant les quantités d'opiacés, ce qui n'est possible que si le patient est placé en coma artificiel.

La pratique de la sédation n'est pas sans risques. Outre le fait qu'une réaction médicamenteuse particulière peut entraîner la mort du patient, celui-ci garde souvent des séquelles de cette « expérience ». Placé durant des jours ou des semaines sous sédation, l'organisme est immobile. Le sang veineux circule mal, les muscles s'atrophient et des escarres se développent. Nourri par sonde gastrique ou par intraveineuse, l'appareil digestif ne fonctionne plus. Introduits dans le corps, aiguilles, canules et tubes véhiculent en outre des germes qui peuvent déclencher des infections. Enfin, l'« extubation » (l'arrêt du respirateur et l'extraction du tube hors de la gorge) est un moment critique : les médecins espèrent que le cœur saura permettre aux poumons de prendre la relève du respirateur...

Est-il vrai que l'on perd 21 grammes à l'instant même de sa mort ?

Un film d'Alejandro González Iñárritu, *21 Grammes*, est sorti le 21 janvier 2004 sur les écrans français. La presse glosa surtout sur son titre ; depuis lors, nous « savons » que le corps perd 21 grammes à l'instant même de la mort...

L'idée est pourtant ancienne. Elle a été popularisée en 1907 par un médecin américain, Duncan McDougall. Convaincu de l'existence de l'âme humaine, le praticien décida de monter une expérience afin de la caractériser. Si une âme existe, elle doit occuper un espace, donc représenter une masse, postulait le médecin. Et, si elle a un poids, celui du corps diminuera d'autant au moment du décès. McDougall entreprit donc de peser des moribonds sur leur lit de souffrance. À titre de comparaison, il procéda de même avec des chiens, théoriquement dépourvus d'âme. Conclusion du bon docteur : au moment de la mort, une perte soudaine de masse est mesurable chez l'homme. Il l'évalua à 21,3 grammes. Immédiatement, ce résultat fit le tour du monde. Pourtant, l'expérience de McDougall était entachée d'innombrables biais qui en limitaient de beaucoup l'intérêt scientifique. Le fait même que le docteur ait présupposé l'existence de l'âme suffit à invalider sa démarche, la perte de masse qu'il observa, et qui n'était pas explicable dans l'état des connaissances de l'époque, ne pouvant être expliquée autrement...

Curieusement, l'expérience n'a jamais été reconduite. Personne ne sait donc si l'homme perd véritablement 21,3 grammes au moment exact de son trépas. Ce n'est pas impossible. Peut-être cette masse très faible, l'équivalent d'une barre chocolatée, correspond-elle à l'eau du corps que la brusque montée de température survenant à l'instant de la mort (le sang ne circulant plus) parvient à évaporer. Pour en être sûr, il faudrait enfermer un agonisant dans une pièce hermétique, l'empêcher de bouger, éviter que tout ce qu'il perd de façon certaine (urines, fèces, cheveux, pellicules, morceaux de peau notamment) influence la pesée... et peser ensuite avec une marge d'erreur acceptable.

Cette expérimentation ne semble pas susciter beaucoup d'enthousiasme dans le monde de la recherche clinique. Après tout, peu importe : si vous croyez à l'âme, quelle importance revêt son poids ? À moins que vous ne souhaitiez convaincre les incroyants de l'existence de l'âme humaine, comme le bon docteur McDougall...

Comment des personnes déclarées mortes ont-elles pu revenir à la vie ?

Sans doute n'étaient-elles pas mortes ! Par exemple, les zombies, enterrés, puis sortant de leur tombe, ne sont évidemment pas des morts vivants, mais des vivants « préparés » afin qu'ils ressemblent à des morts. Dans la culture vaudoue, en particulier en Haïti et sur la côte ouest-africaine, les prêtres savent doser ce qu'il faut de tétrodoxine pour bloquer brutalement la plupart des fonctions du corps d'une personne qu'ils ont condamnée. Ce poison est sécrété naturellement par un poisson du genre ballon tropical, le nommé tetraodon. Il provoque un blocage de l'influx nerveux qui se traduit par une paralysie totale, alors que la victime reste parfaitement consciente. Seule une autre molécule, l'atropine, peut réanimer l'influx nerveux. Elle est extraite de certaines plantes de la famille des solanacées (datura, belladone, mandragore, tabac).

Il est d'autres vivants revenus d'entre les morts : les cataplectiques. Leurs émotions peuvent atteindre une telle intensité qu'elles sont susceptibles de leur faire perdre tout tonus musculaire. Les cataplectiques s'effondrent alors, incapables du moindre mouvement, tout en restant conscients et sensibles. Autrefois, lorsque la connaissance médicale était impuissante à expliquer de tels phénomènes, cataplectiques et zombies furent souvent considérés comme morts et donc enterrés, puis parfois déterrés après qu'on les eut entendus gémir dans leur tombe...

Faut-il pour autant les considérer comme des revenants ? Ce mot n'a de sens que rapporté à une définition arrêtée de la mort, laquelle varie selon les époques et les cultures, même si elle repose toujours sur un laps de temps après lequel l'individu n'est plus donné pour vivant. En France, par exemple, est considéré comme mort(e) celui ou celle dont les deux électroencéphalogrammes réglementaires de 30 minutes, espacés de trois heures, sont restés désespérément plats. L'examen peut être remplacé par une angiographie cérébrale (radiographie des vaisseaux sanguins du cerveau), réalisée selon la même procédure. Quelle que soit la méthode, elle doit être mise en œuvre par deux médecins différents, pour plus de certitude. Quant au cœur, il peut battre encore, peu importe. En France, comme dans nombre de pays occidentaux, c'est le cerveau qui compte. Dans notre culture, il est le témoin de la vie humaine, le cœur n'étant qu'un organe animal. C'est ce présupposé qui autorise le prélèvement d'organes sur un corps légalement mort, mais pas suffisamment vivant pour entretenir ses tissus.

Il n'en reste pas moins que des personnes dont le cœur s'était arrêté ou dont le cerveau était resté inactif durant de longues minutes ont soudainement cligné de nouveau des yeux. Un tiers d'entre elles ont confié avoir connu une EMI (voir p. 204). Comment expliquer ce qui ressemble à un exploit physiologique ? Précisément, on ne l'explique pas. Force est de constater que l'on est encore loin de connaître le fonctionnement intime du cœur et du cerveau, et en particulier les mécanismes mis en œuvre pour protéger l'organisme à l'approche de la mort. De passionnantes recherches sont encore à mener dans ce mystérieux entre-deux.

Cet ouvrage a été composé
par Atlant'Communication
aux Sables-d'Olonne (Vendée)

Impression réalisée sur CAMERON par

La Flèche (Sarthe)
en janvier 2008
pour le compte des Éditions de l'Archipel
département éditorial
de la S.A.R.L. Écriture-Communication

Imprimé en France
N° d'édition : 2015 – N° d'impression : 44918
Dépôt légal : février 2008